大 学 问

始 于 问 而 终 于 明

谢天佑著作集

# 专制主义统治下的臣民心理

谢天佑 著

GUANGXI NORMAL UNIVERSITY PRESS
广西师范大学出版社
·桂林·

专制主义统治下的臣民心理
ZHUANZHIZHUYITONGZHIXIA DE CHENMINXINLI

**图书在版编目（CIP）数据**

专制主义统治下的臣民心理 / 谢天佑著. --桂林：
广西师范大学出版社，2021.5（2024.3 重印）
　（谢天佑著作集）
　ISBN 978-7-5598-3679-3

Ⅰ．①专… Ⅱ．①谢… Ⅲ．①君主制－研究－中国－
古代②群体心理学－研究－中国－古代 Ⅳ．①D691.21
②C912.64

中国版本图书馆 CIP 数据核字（2021）第 052939 号

广西师范大学出版社出版发行

（广西桂林市五里店路 9 号　邮政编码：541004）
网址：http://www.bbtpress.com

出版人：黄轩庄
全国新华书店经销
广西广大印务有限责任公司印刷
（桂林市临桂区秧塘工业园西城大道北侧广西师范大学出版社
集团有限公司创意产业园内　邮政编码：541199）
开本：880 mm ×1 240 mm　1/32
印张：6　　字数：120 千
2021 年 5 月第 1 版　　2024 年 3 月第 7 次印刷
定价：68.00 元

如发现印装质量问题，影响阅读，请与出版社发行部门联系调换。

# "史笔千斤重":谢天佑先生著作集总序

邵勤 *

谢天佑先生(1932—1988)的三种著作,终于出版了。这三本著作,《秦汉经济政策与经济思想史稿》《专制主义统治下的臣民心理》和《谢天佑学术文存》,是谢先生作为学者一生钻研学问、寻找突破、笔耕不辍的结晶。鉴于再版的《秦汉经济政策与经济思想史稿》和《专制主义统治下的臣民心理》均已各自有序,这篇总序并不追求面面俱到,而是着重于谢天佑先生学术研究中具有鲜明个性、深远意义的重要贡献。

## 一、概述

谢天佑先生的学术生涯大致可以分为三个阶段。第一个阶段

---

\* 作者在 1980 年至 1983 年为谢天佑先生的硕士研究生,现为美国新泽西学院历史系教授。

是 1957 年从他在华东师范大学历史学系研究班毕业留校后开始，第二个阶段是在"文化大革命"期间，第三个阶段是"文革"以后。像无数他的同时代学者一样，谢先生早期的治学思想是以马克思主义为指导的。这是当时学术界唯一的理论之光。同样，和他们一样，他在"文革"期间的作品，也受到当时极左政治的影响。《谢天佑学术文存》之所以包括了他在 50 年代、60 年代和"文革"中的论文，是为了给今天和未来的读者保留一份忠实的珍贵历史记录，从中看到一位诚实的知识分子在起伏跌宕的时代大潮中的学术轨迹。

他的著作中的绝大部分，包括《秦汉经济政策与经济思想史稿》和《专制主义统治下的臣民心理》这两本专著，以及在《谢天佑学术文存》里的大部分论文，都是他在"文革"以后的作品。在 20 世纪 80 年代思想解放的浪潮中，谢先生爆发出惊人的工作热情和思想火花，不断地涌现出新的研究课题，发表了很多具有新意的文章。正如作者自己所说："时代的潮声在我耳边回荡，腾飞的脚步在大地上敲打，催人奋进，超越，突破。"[1]他的研究因此而进入了一个最富有成果和创造性的黄金阶段。

谢天佑先生的学术研究，和他的为人处世一样，一步一个脚印，他前后的研究课题都有着逻辑上的扩大和深化的联系。谢天佑先生是一位中国古代史专家，中国古代社会是一个农业社会，而谢先生来自湖北黄梅的农村。他对农村的状况、农民的生活、农民的历史和他们几千年来的挣扎，有着挥之不去的关切。从 1960 年

---

[1] 见谢天佑《秦汉经济政策与经济思想史稿》自序。

代开始，他侧重于对中国古代社会反复循环的农民战争史的研究，前前后后发表了几十篇论文。他主持筹建了中国农民战争史研究学会，创办了《中国农民战争史研究集刊》，对在全国史学界推动这方面的研究做出了重要贡献。

在这个过程中，他认识到中国农民战争的周期性爆发，是中国古代社会政治和经济制度的产物。为了从更深和更广的角度理解农民起义，谢先生开始从事对中国古代社会生产关系、土地制度、赋税制度等与农民战争相关的经济问题的探讨。这一转折的代表作，是他 1982 年在《学术月刊》上发表的《中国封建社会的再生产与农民战争的历史作用》一文，并且由此逐步进入了对中国古代经济政策和经济思想的研究。他在这方面的造诣得益于他在马克思主义经济理论方面的深厚修养，以及当时因改革开放而传入的新思想和方法的激荡。其结果是他在 20 世纪 80 年代所发表的一系列具有独创性的关于中国古代经济思想和政策的论文，和于 1987年所完成的专著《秦汉经济政策与经济思想史稿》。

痛定思痛，在"十年动乱"后拨乱反正的过程中研究中国古代农民战争和经济制度，谢先生深刻地体会到中国传统社会的政治制度和思想，尤其是君主集权的专制主义，对当时社会产生的巨大影响。谢先生不仅是一位有着儒家传统的忧国忧民的学者，更是一位有着当代先进的政治思想和强烈的现实使命感的知识分子。他对历史和现实的敏锐相辅相成。在 1978 年底中共中央十一届三中全会正式提倡反思过去、解放思想、开启改革开放的新时代氛围里，谢先生开始写作和发表短小精悍、思想锐利的读史札记和学术杂文，自 1979 年始有近二十篇问世。它们大多发表在面向大众的报刊杂志上,包括《文汇报》《解放日报》《北京日报》和《民主与法制》等,既为学术界关注,又有广泛的社会影响。

这些史学札记和杂文,一般针对某个具体历史人物的行为和现象,来分析其中对社会和历史的利弊。比如,1979 年发表的《胡广的中庸与李固的鲠直》一文,对东汉王朝后期大官僚胡广和名士李固对执政者专权跋扈的不同态度进行比较。前者为明哲保身而对专权跋扈者曲从任之,后者因敢说敢为挑战当权者而被置于死地。谢先生的这些史学杂文,涉及中国古代上下几千年的历史,从春秋时代秉笔直书的晋国太史董狐,到西汉武帝时代"腹诽罪"的由来,和恶人先告状的田蚡的得志,再到因终身制不得退休而苦恼的康熙皇帝等。

那么,为什么奸诈的田蚡会权极一时?为什么沉默会被污为"腹诽"而遭罪?谢先生在研究这些具体的、看似孤立且相距千年的历史人物和现象时,认识到他们都是传统社会政治制度和思想的产物,其中心是专制主义的统治——作为权力中心的君权高于法律和制度,君主的喜怒哀乐决定了为其服务的臣民的生死荣辱。这种情况形成了一套专制主义下的臣民们保生存、求富贵的心理和行为。谢先生在阅读和思考史料时,认识到传统社会几千年中臣民的心理和行为有其类似处和规律性。这些史学杂文,为他系统地研究专制主义和臣民心理这个大课题,做了准备。1986 年 7月,谢先生在《解放日报·新论》上发表了题为《专制主义统治与臣民的心理状态》这一重要文章,一针见血地分析了臣僚为保全自己、应付君权的种种做法,指出讲假话、讲违心话这一现象,并非个人道德问题,而是植根于对专制主义的畏惧。

一石激起千层浪。这篇不到 3000 字的短文，一经发表，便引起社会各界广泛的注意，多种刊物加以转载和介绍，包括为中共中央党校编辑部出版的《理论动态》全文转载。其编者按指出："肃清封建主义遗毒，首先要弄清楚什么是封建主义，我们刊载此文的目的，就是使读者获得一些这方面的知识。当然，一篇文章所提供的知识是很有限的。"（第 666 期，1986 年 9 月 30 日）《理论动态》编辑部给谢先生来信："史学文章引起党政部门和干部的重视，目前还不多见，而你的大作即为一例。向你祝贺！"吉林文史出版社的宋一夫先生，力邀谢先生写一部这方面的专著，作为他正在组织的《历史反思丛书》的一种出版。而谢先生也正有此意，便接受了邀请。他精读史料，钻研心理学，几易提纲，夜以继日地写作这本专著，希望更深入地理解专制主义对臣民心理的形成和制约所起的作用。当 1988 年 4 月下旬他突发疾病而去世时，他的书桌上仍放着关于这本书稿的研究资料。《专制主义统治下的臣民心理》是谢先生尚未完成的遗稿；他还有新的章节要撰写，新的现象要分析，新的观点要表达。这本遗稿显示了谢先生作为思想家敏锐的见解和无限的可能。

纵观谢天佑先生的学术历程，没有蜻蜓点水的浮浅，没有好高骛远的点缀，有的是脚踏实地的探索和突破。从对中国农民起义的研究，到对传统社会生产关系和经济思想的考察，再到对专制主义和臣民心理的剖析，他的研究课题既有连续性，又在不断地拓宽和发展。每一个新的课题的研究，都深化了对其他课题的理解。如同其他史学大家一样，谢先生注重的是全局性问题。他认为，传统社会的统治者最为关心的是如何有效地控制涉及其长治久安的三驾马车——农民起义、财政经济、百官群僚。他因此把这三者结合起来研究，进行全方位的分析。谢先生的这三种著作，体现了他作为历史学家既重视史料又高屋建瓴的思维方式，以及他对传统社会结构性理解的真知灼见。

## 二、国家商品经济思想对重农抑商政策的挑战

谢天佑先生对秦汉时期社会经济政策和思想的研究，有诸多亮点。他纠正了以往或研究经济政策或研究经济思想的单一性，认识到经济思想必须通过经济政策这一杠杆来对社会经济起作用，因此把经济思想和经济政策结合起来研究。谢先生以西汉王朝著名的盐铁会议为切入点，上至先秦，下至东汉，考察中国大一统国家早期经济思想和经济政策发展的变化，特别是挖掘出在通常被认为重农抑商的传统社会中存在的商品经济理论的丰富内容。

谢先生指出了商鞅与韩非尚耕战的经济思想对秦国经济政策的重要影响。商鞅变法将当时秦以畜牧业为主的综合经济改造为单一的农业经济，强调农业的重要性，抑制包括商业在内的其他各行各业，并将重农与尚武联系起来，让农业生产为战争服务，促成了秦的崛起和统一。而商、韩尚耕战的经济思想的另一面是反对儒家经济思想中的"仁政"，即轻徭薄赋、扶困济贫等。统一后的秦王朝继续执行法家重农抑商、反"仁政"的经济政策，赋徭无度，导致它的速亡。

如果说西汉初年的"休养生息""无为而治"的经济政策代表了

先秦至秦王朝法家经济思想和政策的一个转折,那么谢先生所指出的汉武帝时代因对匈奴作战而需筹集资金所执行的农商并重的政策,则是一个更为重要的转折。汉武帝在位半个多世纪,有 30 年是在战争中度过的,其中主要是对匈奴的战事。长期的战争造成国库空虚。为改变这一现象,汉武帝一方面继续保护农业生产,以防止"土崩"——农民起义,另一方面任用了具有强烈商品经济意识的桑弘羊等人,进行了一系列包括币制在内的改革,其中最重要的是对盐和铁这两种具有极大盈利性的生活资料和生产资料必需品进行官营,以增加国库收入,支持战争和其他开支。谢先生将这种由政府直接控制经营商业的做法,归之为"国家商业资本"的经济政策。他分析了《管子·轻重篇》中包括的关于国家商业资本的丰富的经济思想,指出它和汉武帝时代经济政策的联系,从而强调中国传统社会的早期就已经存在国家商业资本的经济思想和理论。这显然是对中国古代社会自始至终重农抑商、保护农业、打压商业这一传统定见的挑战。

谢先生的秦汉经济史研究,包括了对围绕着盐铁官营而展开的争论的精辟分析。汉武帝去世后,朝廷大臣们召开了盐铁会议,围绕着盐铁官营的经济政策进行了一场经济思想的大辩论。谢先生精读了桓宽记录这场"丰富经济思想和两派激烈而精彩的辩论"的《盐铁论》。这场辩论在"以桑弘羊为代表的国家商业资本派用本末并重的思想冲击着自然经济论,与以贤良文学为代表的重农抑商派用自然经济论反驳本末并重的思想"[1]两者间进行。桑弘羊

---

① 见谢天佑《秦汉经济政策与经济思想史稿》自序。

等国家商业资本派认为盐铁官营的经济政策，并不应该仅仅是解决战争时期财政拮据的一时之计，而应该是专制主义中央集权国家所采取的一种常规性的经济政策。而这并不与重农相矛盾。在他们看来，重农不必抑商，农商可以并重。贤良文学在这场辩论中强调农业的绝对地位，诋毁商品经济和由此刺激发展起来的汉代生活消费水平。他们批判商品和消费经济造成的八种"蠹"——弊端。这与汉初陆贾、贾谊、晁错等重农抑商的思想有相承之处。他们认为商品经济和消费水平所威胁的，不仅是农业生产，而且是既有的等级秩序和道德秩序。比如陆贾就把道德风尚的倒退归结于商品经济的发展，认为后者造成了"好利恶难，避劳就逸"的民风。在他们看来，农村是道德的净土。重复着简单的农业劳动，满足于自给自足的生活，固定在土地上的农民，既是传统政治和经济制度的根本，又是正统道德的基地。这种思想影响了中国社会几千年的历史，以致在不久的过去，都认为有把"思想不纯"的城市知识分子送到农村去接受"再教育"的必要。

　　盐铁会议是中国古代社会唯一的一次关于经济思想的朝野大辩论。谢先生对这次辩论的详尽分析，有着重要意义。汉武帝后的执政者，支持贤良文学派的观点，敌视商品经济的理论，在盐铁会议后不久将桑弘羊被害致死。重农抑商从此成为中国传统社会的正统，桑弘羊等人的商品经济思想从此陷入冷宫，被埋没了。谢先生的研究，将被长期忽视的、在中国传统社会内部产生的丰富的商品经济理论挖掘出来，不仅让它再见天日，而且帮助我们在市场化改革开放的嬗变时期重新感受其生命力。他的研究显示了重农抑商在中国古代的农业社会里并非理所当然、铁板一块，而是曾受到过挑战。汉武帝时农、商得到并重。而汉武帝后的西汉王朝曾面临本末并重和重本抑末的选择。如果当时桑弘羊一派的商品经济理论得以占主导地位并持续下去，那么中国古代社会的历史，乃至中国近现代的历史，很有可能会是一个完全不同的状态。

## 三、"度"和"剥削过度"的原因

谢先生对中国传统经济政策和思想研究最富有原创性的贡献，包括了他对政府税收戍徭的"度"和"剥削过度"的解释，从根本上来理解中国古代社会爆发周期性农民战争的原因。农民起义的主要原因是赋徭过度。以马克思主义为指导的中国史学家们则把这称为剥削过度。经历过秦末农民起义的汉初思想家们就已经认识到了这点。他们对秦王朝"暴政"的批判，无论是"戍徭无已""穷兵之祸"，还是"肆意极欲"，指的都是秦王朝毫无节制，做过了头，打破了农民的生存底线，耗尽了社会的资源。为了防止重蹈暴秦的覆辙，董仲舒建议进行一定的调节和平衡："使富者足以示贵而不至于骄，贫者足以养生而不至于忧。以此为度。"[1]但这个"度"，始终是一个笼统的概念。究竟什么是度，什么是有度，什么是过度，并没有具体的解释。

谢先生认为这个"度"意味着政府和从事个体经济的农民分配劳动成果的一个恰当的比例。这个比例能保证农民维持其再生产，而不是竭泽而渔，迫使他们铤而走险，起而反之。他追求的是

---

[1] 董仲舒：《春秋繁露义证》卷八《度制》，苏舆撰、钟哲点校，北京：中华书局，1992年，第227页。

能够真正说明问题的对"度"的量化解释。谢先生为此仔细阅读了自秦汉以来的各种有关经济资料,从点点滴滴的分散叙述中收集相关数据,尤其是从古代思想家和史学家们对"收太半之赋"(三分之二)的批判中,得出一个重要的结论。那就是这个"度"意味着50%的赋税率。无论是王朝国家,还是私人地主的平均税率,如控制在50%之内,可保相安无事;超过50%,则会威胁到农民从事再生产的可能,而造成社会的不稳定。

把"度"量化,是研究中国古代社会经济政策和农民战争关系的重要一步。但接下来至少还有两个重要的问题要解决。第一,统治者虽然认识到这个"度"对其长治久安的重要性,但每个王朝仍是不可避免地"剥削过度",最终导致江山易位。原因何在?谢先生指出,古代社会周期性农民起义的爆发,和王朝周期性的财政危机紧密相连,两者都不可避免。那么第二,为什么会爆发周期性的财政危机?谢先生的研究证明,在一个通常寿命为200多年的王朝的发展过程中,总的趋势是非生产人口的增长超过生产人口的增长。而非生产人口中,又以统治阶级的人口增长为主要部分。这些寄生阶级人口大多以进入政府机构为官致富为目的。而王朝通常会广开仕途,扩大统治阶层,使官员互相牵制,服务于皇权。官僚机构的膨胀,不可避免地导致政府俸禄和财政开支的增长。在过度增长的统治阶层人口中还有庞大的皇室家族和成员。如果开国皇帝有15个孩子,200多年的过程中他将会拥有无数的皇子皇孙和亲戚们。而他们又往往是高消费者,其衣食住行所需都是奢侈和昂贵的,随着王朝的发展成为一个会越来越严重的经济负担。当然还有日益扩大的军队和军需的开支。

　　谢先生收集了详细的数据,并立表分析了包括宋、明在内的一些王朝官员在该王朝初期、中期和晚期的增长和土地增垦的比例,强调生产增长的速度,总是落后于统治阶层人口过度膨胀的速度,这正是造成王朝周期性经济危机的重要原因。王朝对付经济危机的主要办法,是将这一危机转嫁给农民,加重对农民的赋税率,通常超过 50% 这一"度",由此导致农民起义的爆发。而统治阶层人口的过度增长,经济危机的周期性发生,和农民战争的周期性爆发,是不以某个统治者意志为转移的。[①] 无论末代皇帝如何励精图治,都无法改变。因为在一个王朝 200 多年时间里积累的这个庞大的既得利益群和相对来说增长缓慢的生产力之间的矛盾,没有人能够力挽狂澜,纠正过来。这个矛盾往往最后由农民战争来给予解决。

　　无独有偶,美国康涅狄格大学前生态学和数学教授彼特·图尔琴(Peter Turchin),现致力于对社会发展过程中规律性现象的研究,也持类似的观点。他指出精英阶层的人口过度增长会不可避免地造成社会的动乱。图尔琴分析了精英阶层人口过度增长的两方面原因。一方面是生物上的,比如在沙特阿拉伯王国,王子们和公主们的出生率高于王室职位的增长率。另一方面是经济和教育造成的大量人群社会地位的上升,比如在当代美国,随着高等教育的普及,越来越多的人受到良好的教育。由于他们的增长率大于社会可以提供给他们相应待遇的增长率,精英阶层并不是每个人都可以在社会上得到他们所期待的地位和认可。那些失落者便会

---

① 谢天佑:《论中国封建社会大规模农民战争周期性地爆发的原因》,《华东师大学报》,1983 年第 3 期;《史学情报》,1984 年第 1 期。

联合也对社会不满的普通民众,起来反抗既定的权力机构和制度。图尔琴以特朗普时代美国的社会问题,以及以往世界历史上的社会周期性的动荡,来证明其理论的合理性。[1]

谢先生和图尔琴的研究可谓异曲同工,都是研究关于人口的结构性变化对社会产生的影响。谢先生认为在中国古代社会,统治阶级的过度繁殖导致周期性经济危机,王朝不可避免的剥削过度,以及周期性农民起义。他从根本上解释了困扰我们的传统社会周期性发生的一个关键问题。图尔琴看到精英阶层的过度繁殖对政治稳定的威胁,从而解释了历史和现实中周期性政治动荡的原因。他们的研究都是既以史料和数据为根据,又从宏观着手。他们都把历史研究当作一门可以找到历史发展的规律,而从过去的这些规律中可以帮助预见未来的社会科学。图尔琴把他的理论称为历史动力学(Cliodynamics)。他的理论是对西方史学领域既定范畴的挑战,虽然还没有进入西方史学界的主流,但已逐步引起更多人的注意。而谢先生在1980年代的中国就已经从人口结构性变化的角度来解释中国历史上的一些关键现象。他在这方面的研究成果,为研究中国古代、近代和当代社会的学者们提供了重要的基础和方向。

## 四、史学家的"随想录"

以上已经指出,谢天佑先生对《专制主义统治与臣民的心理状

---

[1] Peter Turchin, "Arise 'cliodynamics'," *Nature* 454, 34 – 35 (July 2008); Greame Wood, "The Historian Who Sees the Future." *The Atlantic* (December 2020), 57–64.

态》的研究,是从 1970 年代后期到 1980 年代中期写作的一系列读史札记和杂文开始的。那个时代,思想解冻,实践成为检验真理的唯一标准,实事求是被认为是有益于国家和社会、应该提倡的品质,积压多年的思想得以爆发。短小尖锐的杂文是最适合那个时代的表达方式之一。谢天佑先生的杂文,并不孤寂。其中最著名的是作家巴金的《随想录》。巴金先生倾其晚年的全部精力,缅怀迫害致死的亲友,探究荒唐时代的根源,反思自己的行为和责任,被称为"一个时代的标志,一种思想的高峰,一代作家的精神指南,也是那个时期志士仁人的智慧结晶"。① 谢先生就是当时那些具有时代使命感的知识分子之一。他的那些批判中国专制主义的读史杂文,是一位具有勇气和智慧的历史学家的"随想录"。

和巴金先生《随想录》中的章节一样,谢先生的史学杂文,大多短小精悍,从几百字到一千或二千字不等。其中最短的一篇,《"腹诽罪"》,仅 439 个字。这些杂文所包含的历史的教训和思想的力量,与他们的长短不成比例。就拿《"腹诽罪"》一文为例,这篇杂文讲了《史记》中记载的一个故事。西汉武帝时的大司农颜异,因廉直敢言而不为同僚所容。一次颜异对朝廷的一个"有不便者"的诏令,没有发言表态,只是"微微地动了一下嘴唇"。此事给善于诬陷旁人的廷尉张汤告发到武帝那里,"不入言而腹诽,论死"。颜异因此而丧了命。司马迁对此的评论是:"自是之后,有腹诽之法比,而公卿大夫多谄谀取容矣!"谢先生接着就用一句话,结束了这篇文章:"这'之后'延续得多长,是司马迁怎么也想不到的。"这个结尾,

---

① https://wenku.baidu.com/view/7778486c02768e9951e73891.html, accessed January 10, 2021.

画龙点睛,戛然而止。谢先生与他的时代和读者心有灵犀。他相信和他同样经历过中国社会剧变的读者会读懂这个故事的所有寓意。

谢先生的这些杂文和札记,涉及历史上的各种人物和现象,褒贬分明,含义深刻。他笔下西汉时的冯唐,敢于对文帝的用人提出异议,并勇敢地宣布:"鄙人不知忌讳!"得到文帝的赏识。但谢先生强调在专制主义制度下,"鄙人不知忌讳"这一性格通常会带来危险,甚至杀身之祸。谢先生举了清代朝廷命官尹嘉铨的例子。尹告老回乡后给乾隆上过一道无关痛痒的奏章,但"龙颜大怒",导致被抄家处绞。这类例子,在专制制度下比比皆是。谢先生告诫道:"那些不忌讳的仁人志士,倘若将命运系于所谓'人主圣明'的上面,终究是极不牢靠的。以古鉴今,亦如是也。"①

谢先生的杂文和札记,经常深度考察我们一般会忽视的、误解的或想当然的现象,从中提炼出历史的教训。比如,一般认为中庸之道并不一定是坏事。谢先生在上面提到的《胡广的中庸与李固的鲠直》一文中,指出看似无妨的胡广一类中庸派的危害之处。因面对专横的统治者,如果大多数人都像胡广一样"迟迟于歧路之闲",那么像李固这样敢于说真话的勇士和他们所追求的正义事业就会因缺乏支持,孤军奋战而失败。事实上,古往今来,大多数人的明哲保身,中庸、骑墙、沉默曾导致无数改革的失败和仁人志士的含冤而死。又如,皇帝的终身制,是大家所接受的历史事实。谢先生的最有影响的杂文之一,是对这个制度本身提出疑问。在《康

---

① 谢天佑:《"鄙人不知忌讳"》,《解放日报》1980 年 11 月 19 日。

熙的苦衷》一文中，谢先生指出在位 61 年的康熙皇帝，认识到作为皇帝，"一事不谨，即贻四海之忧"。在老年时他感觉"心神恍惚，身体虚惫"，而"深惧颠倒是非，万机错乱"。他在批阅老臣们要求退休的奏章时，感慨万分："尔等有退休之时，朕何地可休息耶?!"显然，康熙不能退休的苦衷，是因为皇位是终身制，是这个制度害了他。他若因年老昏花而造成执政错乱，则会有误于社稷苍生。

无论是奸细小人张汤，还是身不由己的康熙，谢先生的着重点不在于这些个人和个案的是非得失，而是把他们看作君主专制主义的产物，强调其制度性的弊端。自 1970 年代后期拨乱反正以来，很多有良心的、有见识的知识分子反省中国的过去，深深地体会到传统遗产的影响之深广。巴金先生的《随想录》，充满了对专制主义祸害的反思和批判。他在《一颗桃核的喜剧》中写道："文革"的那一套"都是从旧货店里给找出来的。我们有的是封建社会的破烂货，非常丰富！"他不仅指出这种毒素存在于国家的政治生活中，而且检讨自己也是"反封建反得不彻底"。他呼吁："今天我们还必须大反封建。我们绝不能带着封建流毒进入四个现代化的社会。"①谢先生写作的那些杂文和《专制主义统治下的臣民心理》专著，正是为了系统地清理中国传统社会专制主义的表现、根源和影响，倡导提高识别力和警惕性，以清除其流毒。

中国中央集权专制主义的思想，是法家学派的中心理论，在秦汉时期大一统帝国形成之前就已经存在，又在长期的传统社会中得到了发展。谢先生在《专制主义统治与臣民的心理状态》一文

---

① https://www.17k.com/chapter/2813059/34914926.html, accessed January 12, 2021.

中,一针见血地分析了韩非关于臣下向君主进言时有可能遭遇的七种杀身之危和八种猜疑,因君主是龙,向君主进言,可能会冒"逆鳞"之罪而遭不测。这七种可能招来杀身之危的情况包括:无意中点破了君主内心的机密者,猜测到君主内心的谋划而有泄密之嫌者,与君主感情不深而进言奏效者,谋略得当君主独占其功而知其谋者,等等。八种猜疑包括:与君主议论大臣有离间之嫌,夸奖君主所爱有找靠山之嫌,陈述简略有胆怯之嫌,畅所欲言有傲慢不恭之嫌,等等。总之,伴君如伴虎,任何的疏忽,甚至没有犯任何过失,都有可能因君主的一时之怒而造成杀身之祸。

韩非因此而讲授了在君主面临十三种不同状况、处在不同心情的场合下,臣子如何可以见机行事,讲不同的假话来顺应君意,保全自己。比如,进言者应夸赞君主自己认为得意的事情,掩盖他认为羞耻的事情;君主急谋私利,进言者应将私利说成合乎公义,并纵容他大胆地去干;君主有卑下的念头,想干而又有所顾忌,进言者就要故作姿态,抱怨他为什么不去干;假如有人跟君主遭到同样的失败,进言者必须否认有什么失败,间接挽回君主的面子;等等。法家的理论,集法、术、势一身。韩非的这十三种权术的根本点,便是教授臣子们说假话来迎合变化无常、捉摸不透的君王之意。

谢先生指出,在这种专制主义的统治下,小心谨慎、明争暗算、攀龙附凤、明哲保身、避嫌勇退、假话连篇成为臣民求生的必然之术和心理常态。这是中国君主专制主义下政治文化一个组成部分。国家利益、王朝大局、个人尊严、人性底线,都是可以用来交换君心的筹码。更有甚者,这种制度是滋生贪污腐败的土壤。有的臣子们以自甘堕落，来消除君主的疑惑，保护自己和家人。西汉的陈平自称："我多阴谋。"他曾帮助汉高祖对付韩信等大臣。高祖去世后，吕后对他多有防备。为消除吕后的戒心，身居相位的陈平居然"日饮醇酒，戏妇女"，制造自己胸无大志的假象。果然，吕后听说后，"私独喜"，才对他解除了防备。有的大臣则广置良田，收敛财物，以其对财富贪婪的姿态来消除君主对其政治野心的怀疑。

专制主义对臣民心态的这种影响，显然不利于执政阶级的利益。谢先生的研究证明，古代的思想家对代表统治阶级的君权，曾提出过种种限制，以使其服务于统治阶级希冀长治久安的整体利益。谢先生分析了西汉刘向《说苑》的首篇《君道》。这篇阐述"人君之道"的洋洋洒洒的长文，要求君主做到寡为大德、用贤纳谏、听从天命等，以为这样便可以监督君主，防止其为所欲为。谢先生指出这些监督措施归根结底是无效的，因主动权、仲裁权仍在君主手里，他依然至高无上，可以为所欲为。问题的关键在于没有对君主实行法律监督。谢先生认为，君主是法，君主高于法，是中国传统政治制度的一个根本缺陷，也是君主专制主义的一个致命病根。

谢先生对中国传统社会专制主义的研究，揭示了它对当时政治文化、臣民心理和人性的摧残。这个制度本身无法自救。事实上，任何一个社会，无论其名号，如果统治者高于法律，不受法律监督，那么，专制主义的那个致命病根就依然存在。这对统治阶级本身的长远利益和社会的整体利益都是一种威胁。

## 五、结束语

　　谢天佑先生在关于胡广和李固一文中写道,李固在临难时没有悲切感,"后之良史,岂有所私?"他相信历史自有公断。李固对后世史学家的信任和期待,让谢先生"深感史笔千斤重。不做良史,羞煞人!"谢先生显然是一位追求历史真相的"良史"。尤其是"文革"以后,解除了条条框框的束缚,他的创造力一发而不可收,在研究中收获了一系列具有突破性的成果。可谢先生并非仅仅是一位为历史而研究历史的学者;他是一位与时代息息相关的知识分子。和许多他同时代的,包括作家巴金先生在内的"仁人志士"一样,谢先生用重千斤的史笔,为我们提供了发人深省的历史教训。

　　和许多学术大师一样,谢先生在治学的过程中,不断地扩大自己的知识面,打破学科的界限,以致从心理学到统计学,均有研究。值得一提的是,谢先生大量的思考与研究的收获还散见于他在不同历史时期留下的浩繁、零散的手稿中。《谢天佑学术文存》中收录了他近七十万字未曾出版的笔记、札记一类文字,其中他独特卓有的思想辉光,跃然纸上。显然,谢天佑先生不仅是一位历史学家,而且同时是一位思想家、经济学家和杂文家。谢天佑先生的研究成果、学术品质和道德风貌,为后来者提供了一个巨人的肩膀。

# 目　录

# 序　言

陈旭麓

　　谁会想到这本书竟是谢天佑同志的遗作，而且是一本未完成的遗作；它的出现早在意中，它的戛然中止却是那样的意外。在举行遗体告别仪式时，我的挽词写了这个难以相信的突发痛楚：

　　　　一书方梓行，一书成断简，才未尽也呕心死；

　　　　午夜传病讯，午夜惊噩耗，去何速耶挥泪哀。

　　上联是说他的新著《秦汉经济政策与经济思想》已三校待印。而他在高度责任心的驱使下，夜以继日地赶写这本《专制主义统治下的臣民心理》，忘记了自己旺盛的精力中埋伏的高血压宿疾。下联接着说他病发于 4 月 24 日晚间，翌日深夜（已是 26 日凌晨一时五十四分）即逝世，他才五十六岁。我因得悉病讯较迟，26 日一早驱车去医院，他已先七小时去了。"去何速耶挥泪哀"，既痛他的未老先陨，又恨在其弥留之际未获一面。

三十二年前，谢天佑同志年华方茂，从武汉的华中师院毕业考入华东师大中国通史研究班。那时在历史唯物主义、阶级分析的照耀下，史坛纷纷探讨历史人物评价问题，他以年轻人的锐气，参与探讨，崭露才思。1959 年研究班毕业，留历史系任教，我们得以认识，以思虑接近，论学论事，常相过从，历三十年风雨不渝。

谢天佑同志在学术上的成就，是从研究农民战争史展开的。自 60 年代初开始，他先后发表了关于农民战争史的论文三十余篇，编著了农民战争专史，对历代农民战争的起伏和演进，反复研讨，对农民战争的性质及有关人物的功过，无不畅抒己见。所论富有思辨色彩，更怀着深厚的泥土感情，常说不为千百年受苦的农民说点话，是对历史的失职。当"文革"的阴霾过去之后，他倡议成立农民战争史研究会，主持农民战争史专刊，多次组织全国性农民战争史讨论会，在风靡的农民战争史研究中卓然成家，为侪辈推重。

持续的农民战争史的研究，对封建统治的鞭笞，对传统史学的改造，无疑起过很大作用。但是，由于"左"的政治思想膨胀，嵌入学术领域，渗透社会生活，"左"成为带普遍性的思维模式。史学上总以农民战争史为纲，取代中国通史的原有构架，并认为只有"反攻倒算"，不存在任何"让步政策"，一凭义愤出发，这就偏离了中国历史的实际。对此，谢天佑同志有执着，也有困惑，然而他日益感到对农民战争史的单线研究，很难研究好农民战争史，认为应推向土地制度、地租制度、赋税制度等课题，研究封建时代的社会经济史。要有全局观念，才能有机地窥见农民战争史的真貌。随着这种认识的推动，一当"文革"落幕，他便把握开放、改革政策和发展生产力的大气候,立即着手社会经济史的研究。

秦汉是中国历史上具有开创意义的朝代,封建的政治经济进入成熟期,农民战争的兴起几乎与之同步。谢天佑同志即以秦汉为研究中国经济史突破口,他重读《资本论》,钻研商品经济的规律,几年间撰写了一批经济史、经济思想史论文,《秦汉经济政策与经济思想》一书,就是在这种思考和发愤中著成的。当他沿着秦汉往下一代代勘察时,又把目光停注于明清时代的社会经济,写出《况钟整顿苏州的官粮和吏治》《评王夫之自种自富说》等文,并开始了对明清江南城乡经济的调查研究。看准秦汉为入口,转向明清探出路,抓住两头开展对二千余年的中国封建社会经济史的研究,既具历史的识力,也有现实的波动。但他没有停止在两头,与此同时,又进行了综合的理论的探讨,撰写了《中国封建社会再生产与农民战争的历史作用》《商品与道德》等文,视野和识力随同研究领域而伸展。

历史是人类活动的过去,而历史每走一步又都是从现实中来,百年、千年、万年的历史莫不是现实的层垒,纵然逝去已久的历史也还会与现实发生某种联系,返祖与回归是常见的现象。所以,人们的历史思考并不是远离观察现实的。"文革"后盛行的历史反思更赋予了这种品性——历史与现实的巨大组合。谢天佑同志有强烈的时代感,有不可抑制的忧患意识,他从农民战争史扩向社会经济史的研究,字里行间不时透露出现代化经济建设的辐射。为从历史取得较多的借鉴与激励,他的笔触又转向历史人物和凝结于事理中的心态分析,以读史札记的形式,抒写了《汉文帝好听"狂言"》《康熙帝的苦衷》《腹诽罪》一类短篇。1987 年 7 月撰著的《专制主义统治与臣民的心理状态》一文，则是这种心理分析的系统化，它触摸了千百年的历史神经。文章在《解放日报》的内部刊物《新论》刊出后，为识者赞传，多种理论刊物竞相转载，由内部变为公开，引起很大反响。吉林文史出版社以所论恣肆新颖，请他扩充篇幅，撰作《专制主义统治下的臣民心理》，优先出版，在《光明日报》上刊登广告。谢天佑同志在这种要求和鼓舞下，几经构思，制订章目，奋笔疾书，分析从秦始皇嬴政以来君臣间的心机和智术，以及忠臣义士的应对苦心，别善恶，寓褒贬，鲜明地表现了作者的恨与爱。

"历史心理学"作为一门科学，约在 20 世纪 20 年代诞生于法国，其后传介欧美各国，在开放、改革政策打破封闭体的新时期才进入中国大陆。虽然，中国以往的史书，在记述事实和人物中也可以窥见心灵的跳动，但以存在决定意识为旨趣，着眼对历史人物和历史活动的心理刻画，则是史学领域和方法上的开拓，而剖析人物心态又是推动和激发历史反思的机杼。谢天佑同志很快步入"历史心理学"的门槛，从个别到两千年臣民心态的分析，给研究中国历史增添新的养料，做了学术上的开垦工作。

学问是没有止境的，处在科学浪潮席卷全球的今天，新科学层出不穷，老科学分化再分化，一切学问都受到检验。谢天佑同志没有在这里踏步，没有迷惘，而是追上去，拥有它，用以拓宽自己的思路和学殖，这不仅反映于他已有的研究成果中，且编织在他多种构思和新著计划中，如果再给他十年、二十年岁月，他将会在史学园地里摘取更丰盈的果实。所以，八十余岁高龄的戴家祥、苏渊雷两位先生，在亲临吊唁时，以婆娑老人送走中年，为之太息不已。

　　当我执笔写这篇序言,谢天佑同志已经离开我们五个月了。他的真诚的志趣,坦率的言谈,拍案而起的激情,近年略示沉郁的意态,皆历历在人耳目。这本《专制主义统治下的臣民心理》虽写才及半,已成的篇章也未能经作者本人最后修订,但其思绪与锋芒真实地表达了作者的胸怀。当前文化事业受到商品价值的强烈冲击,学术著作出版难,吉林文史出版社仍毅然承诺出版这本书,风义可佩。

1988 年 9 月 25 日

# 一 无秩序中的秩序

恩格斯在《论封建制度的瓦解和民族国家的产生》中写道:"王权在混乱中代表着秩序。"①这当然有特定的历史规定性,但是从哲理上来讲,也适用于中国皇帝。故在这里,加以套用。

中国是世界四大文明古国之一,在五千年前就进入了阶级社会,建立了奴隶制国家,中国奴隶制时代国家政权的形式是分权制,或称"封建制"。实行分封土地,在封地上建立起大大小小的封国,各个王国有自己的土地,有自己的臣民,有自己的军队,有自己的政权系统,主位世袭,自己任免属下官吏。实权在下、虚权在上,凌驾于各个封国之上的天子,只是名义的共主,所谓"普天之下,莫非王土;率土之滨,莫非王臣"也不过是名义共主权力的体现而已。实际上,各个封国与共主之间关系是松散的。由于封国势力的强

---

① 恩格斯:《论封建制度的瓦解和民族国家的产生》,《马克思恩格斯全集》第 21 卷,北京:人民出版社,1965 年,第 453 页。

盛和共主权力的衰落,封国或者"末大不掉",或者"问鼎"于共主,或者彼此纷争混战。历史上的春秋战国①时代就是如此出现的。

平王东迁后,统一的西周王朝统治分裂了,出现了齐、晋、楚、秦等国争霸的局面。据鲁史《春秋》载:224年里,列国间军事行动,凡483次,朝聘盟会凡450次,总计933次。

打仗是一种军事掠夺,朝聘盟会是一种以军事为后盾的掠夺。大国讨伐小国,井被填塞,树被砍断,禾麦被收割,车马被掠夺,男女老少被俘为奴隶。朝聘必需的贡品,是麋鹿皮、虎豹皮、丝织物、马和玉,以及其他珍奇异物。霸国利用各种名义勒令小国贡献。有时贡献一次,要用一百辆货车,一千人护送。战争和朝聘盟会是浩劫,将人民洗劫一空。

假如说春秋时期的战争是大国兼并小国或者大国争吞小国的战争,那么,到了战国时期则是大国之间为了统一天下而进行的统一战争。人民渴望摆脱分裂混战的灾难而希望统一,统治者为了满足自己主宰天下的权势欲而希望统一,统一是人心所向,大势所趋。春秋战国时期的儒家、墨家、法家无不主张统一,所不同者,只是各家所讲统一的内涵不一样。

孔子所讲的统一是回复到西周天子治天下、诸侯治本国的统一。墨子所讲的统一是回复到大禹时兼爱非攻的统一。法家所讲的统一是集一切权力于君主一人的统一。从政权形态角度来看,撇开墨家的回复远古的空想不谈外,儒家追求的是统一的君主专

① 公元前770年,平王东迁洛阳以后为春秋战国时期,春秋因孔丘所编鲁国编年史《春秋》而得名。《春秋》编年从鲁隐公元年(公元前722年)迄鲁哀公十四年(公元前481年)。春秋之后进入战国,春秋迄战国始的年代,说法不一。

制(不是集权)政权;法家追求的是统一的专制的中央集权制的政权。两家所宣扬各自所主张的统一能避免分裂混战局面的出现。

法家集大成者韩非的专制主义中央集权的理论,很为秦王政所欣赏。当秦王政看到韩非所写《孤愤》《五蠹》篇,他很感叹地说:"我能看到这个人,并与他在一起,死无恨矣!"①这就说是韩非的专制主义中央集权理论折服了秦王政,他愿为这个理论付诸实现而献身,秦王政的政治实践亟需相应的理论指导,而韩非恰恰满足了秦王政的要求。两者相通,如鱼得水,一拍即合,一合即欢,绝非偶然。

公元前 221 年,秦王政完成了统一六国的划时代的历史任务,建立什么形式的政权的问题提出来了。为此发生了一场辩论。丞相王绾向秦始皇建议说:"既各诸侯国已经被统一了,燕、齐、荆等地边远,不立诸子置王于这些地方,就难以镇守。"②王绾意在言中,是要恢复西周分封制(即分权制)。这显然不符合秦始皇的初衷。他不便于马上表态,所以,下令召集"群臣"廷议,绝大多数的人都赞同王绾的意见,唯独廷尉李斯表示异议,他说,西周王最初分封同姓子弟"甚众",后来日子长了,骨肉之情不仅疏了淡了,而且彼此之间相攻如"仇雠",周天子也制止不了。现在好不容易统一了,各地设立郡县,不给"诸子功臣"裂土封侯,只是给以"公赋税重赏赐"而已,这样天下容易控制,得以"安宁"。秦始皇很赞赏李斯的见解,他说,以往"战斗不休"使天下人"共苦"之,是何原因呢? 就

---

① 司马迁:《史记》卷六三《老子韩非列传》,裴骃集解、司马贞索隐、张守节正义,北京:中华书局,1959 年,第 2155 页。
② 《史记》卷六《秦始皇本纪》,第 238 页。

是因为分封了许多"侯王",如今已扫平了诸侯王,取得初步的安定,又要恢复分封制,等于是培植分裂混战的势力,要"求其宁息,岂不难哉"!①

是建立集权制好,还是建立分权制好? 不仅古人争论不已,而且今人思索讨论它,还不乏其味。其实,实行分权制,未必如秦始皇、李斯说的那样危险,不然,为什么西欧从黑暗的中世纪走出来比中国还要快呢? 实行集权制,也未必如王绾说的那样不好,不然,怎么古代中国经济文化会居于世界前列呢? 这种历史选择不能用一时的利和一时的弊去评判。集权制是刚性的,它的积极作用大,消极作用也大,也可以说正因它先头的积极作用大,所以,它后来的消极作用也大。分权制是中性的,它的积极作用小,消极作用也小,也可以说正因它先头的积极作用小,它后来的消极作用也小。要我们选择,我们应该选择的既不是集权制,也不是分权制,而应是集权制与分权制相糅合的一种制度,然而,我们毕竟不能替代古人的选择。

秦始皇和李斯做了这种选择反映他们那个时代人的一种认识,有它的必然性。由于秦始皇和李斯是秦王朝的最高决策者,所以,他们能力排众议,把自己的主张化为不可违抗的国策,推行全国。假如秦始皇、李斯与王绾等人换一下位子,也许分权制就成了普遍推行的国策,这种可能性不是不存在的,真的如此,中国古代史面貌又是另一个样子了,这就有偶然性了。总之,那时的人对300多年来的分裂混战的局面深恶痛绝,希望根绝这种局面,使之

① 《史记》卷六《秦始皇本纪》,第239页。

10

不再发生的心情太急切了。所以,集权制战胜了分权制。

集权与专制,容易被混而一地使用,其实,这是两个有区别的概念。如,以孔子为代表的儒家主张君主专制,而又主张分权,岂不是将专制与集权略加区别了吗?但是以韩非为代表的法家,则将专制与集权联系在一块,他们所讲的君主专制就是君主集权,而强调集权从实质上就是强调君主专制,可以说,韩非的专制主义中央集权的理论是强化君主专制的理论。韩非是专制主义中央集权理论的集大成者,秦始皇是将专制主义中央集权理论制度化并加以实施者。秦王朝的专制主义中央集权制度包括了以下三点:第一,皇帝独裁制,一切臣下都是听命于皇帝的仆役;第二,郡县制,区别于分封制,将财权、军权、司法权收归中央,防止地方权力过大;第三,任免制,除皇位世袭外,其他官员都不得世袭,中央重要官职及地方主管都由皇帝任免。其中,中心点是皇帝独裁。其他一切制度规定,都是为了保证皇帝独裁的实现。秦王朝的专制主义中央集权制度虽然不完备,但它却是专制主义中央集权制度发展的雏形,以后的专制主义中央集权制都是在此基础发展起来的。

后来,法家的专制主义中央集权的理论与儒家的礼乐思想结合起来。儒家认为,礼是区别尊卑的,乐是调节情感的,礼使人畏敬而不争,乐使人和亲而无怨,从而达到"揖让而天下治"①的目的。这样,就使得张牙舞爪、杀气腾腾的政权变得既庄严肃穆而又和颜悦色,以期达到人们既敬惧而又不憎恶的社会效应。草莽英雄刘邦不懂得这个道理,他称帝时一切仪式从简,没有威严没有礼

---

① 班固:《汉书》卷二二《礼乐志》,颜师古注,北京:中华书局,1962 年,第 1028 页。

度,镇不住场面,造成秩序混乱,"群臣"在酒席上"争功",一边饮酒,一边吵闹,有的喝醉了狂躁乱叫,更有甚者还抽出刀剑砍杀,汉高祖刘邦对这种乱糟糟的场面不知如何是好。早已等待时机求进的儒生叔孙通急忙向汉高祖进言,他说:"儒者难与进取,可与守成",我可以召集鲁诸儒生和我的弟子共同搞一朝拜仪式。汉高祖说:不要太复杂了,简单点。叔孙通说:我"颇采古礼与秦仪杂就之"。叔孙通带百余人按照所拟的仪礼练习"月余",为指导"诸侯群臣"①朝拜做准备。

公元前200年10月的一天,在长乐宫正式举行朝拜。天还未亮,"谒者"出来主持仪式,将臣依次引入殿门。廷中排着车骑站着"戍卒卫官"拿着兵器,竖着旗子,传出一声"趋",群臣随即疾行而入。"功臣列侯诸将军军吏"依次站在西边,面朝东;"文官丞相"以下依次站在东面,面朝西。每一台阶数百人,郎官夹其两旁,执掌宾礼的官以备传递皇帝的旨意和臣下的禀告。一切都准备停当了皇帝才"辇出房",当皇帝一露面,百官执戟传声唱警,带领诸侯王以下至吏六百石的官员依次"奉贺"。"自诸侯王以下莫不震恐肃敬。"仪式举行完了,大家都像喝醉了酒一样,殿下的趴在地上,殿上的"侍者"低着头不敢平坐而视。然后大家起来依次为皇帝敬酒祝贺。御史执法,如有的人举止违反了仪礼,当即带出。整个朝拜完毕,"无敢谨哗失礼者"。经过这一场按照叔孙通等人炮制的仪礼朝拜后,汉高祖刘邦说:"吾乃今日知为皇帝之贵也。"②这就是礼乐壮皇威的好处。富人从平民中突出出来,贵人从富人中突出

---

① 《汉书》卷四三《叔孙通传》,第2126页。
② 《汉书》卷四三《叔孙通传》,第2128页。

出来,最终,最高统治者从贵者中突出出来。秦始皇规定最高统治者号曰"皇帝",自称"朕",命为"制",令为"诏",就是强烈地表达那种突出最高统治者至尊至贵地位的思想,那时秦始皇的朝拜已配有仪礼,而且比汉高祖还要繁,只是不见记载而已。

西汉群儒之首董仲舒,将"天"解释为至高无上的神,认为人受天命,皇帝则代表"天意"行使最高权力,董仲舒将儒学神化,也将皇帝神化了,使得至高至尊的皇帝带上了神圣的光圈,使他不仅令人敬畏,而且令人感到神秘莫测,神秘莫测的威严比凶相毕露的威严更加有慑镇力。

于是,皇帝就被塑造为操纵一切权力的凌驾一切人之上的有至高至尊威严的不可侵犯的神。古代社会为什么要塑造这样的一个神呢?因为需要它维持统治秩序。

荀卿说:人"力不若牛,走不若马",然而牛马却为人所用,是什么原因呢?是因为"人能群"。① 但是,"人生而有欲,欲而不得","不能不争",所以,凡人成群必有争,"争则乱"。② 怎么使人群而不争不乱呢?那就要有"善群"的"君者"。③ 唐朝柳宗元承继和阐发了荀卿的思想。他说:"争而不已,必就其能断曲直者而听焉。"假如说服不了,"由是君长刑政生焉",即君者德教不行就行使政治强制。政权机构也是随着人群和斗争的扩大而扩大,"是故有里胥而后有县大夫,有县大夫而后有诸侯,有诸侯而后有方伯、连帅,有

---

① 《荀子集解》,王先谦编撰,北京:中华书局,1988 年,第 164 页。

② 《荀子集解》,第 346 页。

③ 《荀子集解》,第 165 页。

方伯、连帅而后有天子"。① 柳宗元所说的这一过程表明天子(即皇帝)是在无秩序的纷争中产生的,它的产生又是结束无秩序的纷争的需要,一旦它产生了,它就代表着一种秩序。中国的古代皇帝代表着一种什么秩序呢? 就是专制主义中央集权的统治秩序。

---

① 柳宗元:《柳宗元集》,北京:中华书局,1979 年,第 70 页。

# 二　主宰一切

专制主义中央集权理论有一个逐步发展过程。商鞅重于法，申不害重于术，慎到重于势，韩非总结商鞅、申不害、慎到的思想，提出了法、术、势相结合的专制主义中央集权的理论。

韩非批评商鞅治理秦国只重视法治而不注意术。他说，商鞅治秦，设什伍连坐法而相告发，使不得藏奸，"赏厚而信，刑重而必"，号令严厉，不可假贷，所以秦"国富而兵强"。但是，由于商鞅不懂得术的重要，无以"知奸"。秦虽富强了，不是君王富强了，而是"以其富强也资人臣"，穰侯"越韩、魏而东攻齐"，他自己成"陶邑之封"，应侯攻韩，他自己成"汝南之封"。"自是以来，诸用秦者，皆应、穰之类也。"所以，秦国每打胜仗就提高了大臣的地位，每扩大国土就增加了大臣的私封。经过几十年，秦国仍然达不到称帝王于天下的目的。在这里，韩非强调术，是要君王用术防奸，以避免大权旁落。

韩非批评申不害治理韩国只注重术而忽略了法。他说，韩国是从晋国分出来的,晋国的旧法,与韩国的新法交织在一起,"故新相反,前后相悖"。旧法干扰新法,申不害不注意以新法代替旧法,统一推行新法,只注重术,即使申不害"虽十使昭侯用术",也避免不了奸臣的谲诈。韩虽然有"万乘之劲"[1],70年也建立不起霸王之业。在这里,韩非强调要有统一的法。术是为法服务,没有统一的法,就没有统一的准绳,术的使用就失去了方向。

韩非批评慎到只知道势的重要,而不知道法更为重要。他说,势就像云雾一样,龙、蛇"不托于云雾",不能腾飞,如同普通的蚯、蚁一样。同样的,尧、舜没有势,如同普通老百姓一样,不要说对付不了掌握势的桀、纣,而且连三个普通的人都管不好。势与什么人结合呢?与尧、舜结合则治天下,与桀、纣结合则乱天下,而像尧、舜与桀、纣这种人都是"千世而一出"的极少数,而既不是尧、舜又不是桀、纣的"中者"则世世皆有,若坐等尧、舜,岂不是"千世乱而一治"吗?那将是"百日不食以待粱肉,饿者不活"。那将是"越人善游",而"中国之溺人"不得救。怎么办呢?不要把希望寄托于"千世而一出"的贤人身上,将法与势结合起来,使治天下者"抱法处势"[2]。这样,即使"中者"亦能使天下治,"中者"常有,天下常治。在这里,韩非强调不是人与势的结合,而是法与势的结合,也即强调的不是人治而是法治。

法、术、势之间,应构成法与术、法与势、势与术这三种关系,而在三种关系中,韩非只提及二种关系,即法与术的关系和法与势的关系,说明他是以法为核心构成与术、势的关系。韩非固然指责商

[1]《韩非子集解》,王先慎编撰,北京:中华书局,2013年,第433—434页。
[2]《韩非子集解》,第424—428页。

鞅忽略术,但是,在他看来术只是保证法顺利推行的手段。韩非固然肯定慎到对势的重视,但是,他指出势必须与法结合,不与法结合的势,不如无势。韩非批评申不害面临新旧法"相反""相悖"的局面而"不擅其法,不一其宪令",仍然是强调法,只是区别旧法与新法。总之,法是主体,是内容,是方向,是政治性质的规定性,也可以说,法是韩非的思想理论的总概念。综合他的论述,这个总概念大致包含如下几点:

第一,性恶论。这是与儒家德治相对立的。法家与儒家相反,认为人性恶,人生在世都是为了私利,而且这种追求私利的思想不为亲疏好恶所左右。造车子的木匠希望人"富贵",制棺材的木匠希望人"夭死",不是造车子的心肠特别好、制棺材的心肠特别坏,也不是出于爱或出于憎,而是由"人不贵则舆(车子)不售""人不死则棺不买"①的实际利益决定的。从而,人与人之间的矛盾冲突,不能靠道德说教解决,君王不应指望以德治理天下。慈爱出忤逆,"母不能以爱存家,君安能以爱持国"②?

第二,暴力论。法家认为赏罚是治理天下的"二柄"③,但对这"二柄"的使用有所侧重。韩非说:"重刑少赏。"④很显然,他是主张侧重于罚。他认为要等待人自觉地改恶从善是不可能的,如同"恃自直之箭""恃自圜之木"⑤一样的不可能,只有外力强制。因此,有效地制止人犯罪的手段,不是赏赐而是刑罚。如普通的布

---

① 《韩非子集解》,第 123 页。
② 《韩非子集解》,第 467 页。
③ 《韩非子集解》,第 42 页。
④ 《韩非子集解》,第 518 页。
⑤ 《韩非子集解》,第 504 页。

帛，一般的人不愿放弃；在烈火中的销金，虽是强盗也不敢取，这就是因为没有危险所以不放弃普通的布帛，因为怕手被烧所以不敢取珍贵的金子。

法家是很严峻的，这个"严"有两层意思：一是轻罪重刑；二是严格按法行事。韩非托古说今地举例，古时候舜下令治水，有的人太积极了，在舜令还未下达之前就行动了，舜因其"先令有功"而杀之。禹召集诸侯朝会于会稽，而"防风之君后至"，禹因此而斩之。这就叫"先令者杀，后令者斩"①。还有，秦法规定：老百姓不可随便杀牛，然而，秦襄王病愈，有老百姓杀牛庆贺，有人拜贺襄王说："王的圣明超过了尧、舜。"王惊讶地问："这是什么意思？"回答说："今王病愈，百姓杀牛祷，我以为尧、舜也没有这样的享受。"然而，襄王对此不加奖励，而且罚了"里正与伍老屯二甲"。有的臣子感到不可理解。王解释说："罚他们二甲，是因为违令而祷。不能因为他们爱寡人而就更改令，令不立，'乱亡之道也'②，不可不严格执行。"这些都是说明法家主张严格执行法令，而且几乎严得不近情理了。这表面上看起来是冷酷，其实是一种"爱"或者说是"以刑去刑"③。因为"轻刑罚"，人们做坏事不怕，反而使犯罪、遭杀戮的人增多，这等于是"为民设陷"；反之，"上设重刑者而奸尽止，奸尽

---

① 《韩非子集解》，第134—135页。
② 《韩非子集解》，第364页；又《外储说右下》载："秦大饥，应侯请曰：'五苑之草著蔬菜橡果枣栗，足以活民，请发之。'昭襄王曰：'吾秦法使民有功而受赏，有罪而受诛。今发五苑之蔬草者，使民有功与无功俱赏也。夫使民有功与无功俱赏者，此乱王道也。夫发五苑而乱，不如弃枣蔬而治。'一曰'令发五苑之蔬蔬枣栗足以活民，是使民有功与无功互争取也。夫生而乱，不如死而治，大夫其释之'。"第366页。
③ 《韩非子集解》，第242页。

止则此奚伤于民也"。①

为了说明严刑重罚的重要,韩非曾讲了这样的故事:

有位叫董阏于的人,为赵上地守,到石邑山中察看,涧谷悬深,山峭如壁,因而问身边的人:"这里曾经有人到过吗?"回答说:"没有。"又问:"小孩、痴聋、狂悖之人曾经到过此地吗?"回答说:"没有。"又问:"牛马犬彘曾经到过此地吗?"回答说:"没有。"最后,董阏于大为感叹地说:"我有办法治理好这个地方,我的办法就是严刑重罚不宽容,譬如入涧有必死的危险,'人莫之敢犯也,何为不治'。"②

第三,独裁论。君王处于至尊至贵的位子,谁不垂涎? 所以,至尊至贵的君王也是至危至险的人物,他的周围危机四伏。韩非概括为"八奸":"一曰在同床",即"贵夫人,爱孺子",使用巧言好色迷惑君王,"乘醉饱之时,而求其所欲"。"二曰在旁",即"优笑侏儒,左右近习","内事"唯唯诺诺,"外为之行不法"。"三曰父兄",即"侧室公子",挑拨大臣与君王之间的关系,从中得利。"四曰养殃",即臣子利用民脂民膏为君王"美宫室台池""饰子女狗马"以娱乱君王之心,而自己背着君王谋私利。"五曰民萌",做臣子的散发"公财",向百姓行"小惠",使誉归于己,怒归于君。"六曰流行",即臣子指使说客以巧文之言,笼络君王,使对养客之臣言听计从。"七曰威强",即做臣子的"聚带剑之客、养必死之士",为己谋利、为己树威,损害了群臣百姓的利益,也即损害了君王的利

---

① 《韩非子集解》,第 458—459 页。
② 《韩非子集解》,第 239 页。

益。"八曰四方",做臣子的故意利用国与国的矛盾以威胁、要挟君王,或者"重赋敛,尽府库"以事他国,或者"举兵"边境以牵制内部力量。①

威胁君王的势力有后妃、爱子、叔伯、兄弟、优伶、侍从、臣下。其中最有威胁力量还是大臣。

应该说君王治理天下离不开群臣。"人主以一国目视,故视莫明焉;以一国耳听,故听莫聪焉。"②少了群臣的耳目,如何做得到?法家同儒家一样,很重视君王的纳谏。韩非说,古时扁鹊治病,"以刀刺骨";君王治危国,以忠言"拂耳"。"刺骨,故小痛在体,而长利在身;拂耳,故小逆在心,而久福在国。"又说,假如殷人尽是敢言的比干,则殷不亡。③ 这就是群臣对君王辅佐的重要性。但是,韩非却强调"君臣之利异"④,这是因为"人臣太贵,必易主位";"诸侯之博大,天子之害也,群臣之太富,君主之败也"。⑤ 总之,大臣是最重要的也是最危险的。"万乘之患,大臣太重。"⑥

因此,君王一方面"不亲细民""不躬小事"⑦,另一方面又要大权独揽。韩非说,君王的"权势不可以借人",对君王来说,失权势,只其一人;对臣下来说,得权势则百人之众,失权势一人面对有权势的百人之众,怎么不成两眼抹瞎的君王呢?历史证明,"人主之

① 《韩非子集解》,第57—59页。
② 《韩非子集解》,第435页。
③ 《韩非子集解》,第214页。
④ 《韩非子集解》,第259页。
⑤ 《韩非子集解》,第25—26页。
⑥ 《韩非子集解》,第89页。
⑦ 《韩非子集解》,第371页。

所以失诛"大多是因为大权旁落为权臣所害。①

所谓大权是指什么呢？就是指赏罚之权。"赏罚者，邦之利器也。""邦之利器不可以示人。"②也就是赏罚之权不可以示人，不可与臣共，君王只能"使赏罚之威利出于己"。若是君王听臣下行赏罚之权，"则一国之人皆畏其臣而易（即轻视）其君"③，这样的君王名义上统一着天下，实际上天下并非为他所有，可以说是"亡君"④。

这样独揽大权的君王，对人民的力量是极端藐视的。韩非说，有些不懂得如何治理天下的人认为要治理天下就得"得民之心"。若是必须"得民之心"，又何必要伊尹、管仲呢？"民智之不可用，犹婴儿之心也。"分不清利与弊，分不清大利与小利，与这些人没有什么道理好讲，所以对人民只有"修刑重罚"⑤，实行残暴的专政统治。君王把人民视为无知的婴儿，那么，对他身边的群臣则看作是什么呢？是任意使唤的奴仆。

臣下言不当，当死。一是"知而不言，不忠"，"不忠，当死"。二是不能谋划不当，不能说错话，"言而不当，亦当死"。⑥ 第一点，是人力所能及的；第二点，则是人力所不及的。这就是说君王自己有犯错的权力，而君王以下的包括大臣在内都不得犯错。即使讲错了话也要砍头。是何等无理的苛求？

---

① 《韩非子集解》，第 260 页。又《外储说右下》载："人主安能与其臣共权以为治？"第 362 页。
② 《韩非子集解》，第 170 页。
③ 《韩非子集解》，第 42 页。
④ 《韩非子集解》，第 60 页。
⑤ 《韩非子集解》，第 507 页。
⑥ 《韩非子集解》，第 1—2 页。

既要使用臣下,又要使他们互相牵制。韩非说,君王之所以犯错是在于用臣下的问题。怎么用呢?"必反与其所不任者备之,此其说必与其所任者为仇,而主反制于其所不任者。今所与备人者,且襄之所备也。"①也就是说为了君王不受臣下的控制要有意挑起不在任者与任者之间的矛盾,以不在任者牵制任者。任甲而以乙来提防,任乙而以丙来提防。今天以丙来提防乙,就如同昨天以乙来提防甲一样。君王要求臣下对他绝对忠诚,但是君王在群臣之间要有意设置互相牵制的关系。

君王对臣下一览无遗,臣下视君王高深莫测。使臣下互相监视,可以"以十得一",从而在上的君王达到"以一得十"的效果,这样就"奸无所失"了,而君王则应"周密而不见",把自己内心世界严严实实地藏起来,不让臣下知道自己的爱憎。甚至君王与臣下语言思想都要"隔塞"②,"辞言通"则"主不神"③。君王与臣下之别,一个是不可揣摩的神;一个是完全可以控制的奴仆。

诸如此类都表明臣子是君王的奴仆。如前所述,在法、术、势系列中法是核心,那么,在性恶论、暴力论、独裁论系列中,哪一论是核心呢?因为,人性恶,所以要用暴力对付,而暴力唯有掌握在君王手中。因此,自然是独裁论为核心。这两个系列的结合就是韩非的专制主义中央集权理论的构成及其实质。

最后,我们对专制主义中央集权统治作如下表述:皇帝主宰一切,除了皇帝外,没有独立的个人,没有享受权利的个人,没有被尊

---

① 《韩非子集解》,第 125—126 页。

② 《韩非子集解》,第 478 页。

③ 《韩非子集解》,第 335 页。

重的个人,而只有这样两种人:或者是被皇帝吸吮血液的奴隶;或者是听任皇帝使唤的奴仆。奴隶和奴仆把皇帝视为神,而皇帝却把周围的奴仆和脚底下的奴隶都视为饿狼,时时刻刻在闪着蓝眼睛要向他抢权夺财,他要时时刻刻紧握棍棒,狠狠地揍他的奴隶和奴仆,使他们俯首贴耳,不敢反抗。而且最最要紧的是这根棍棒只许他一个人掌握,千万不能让别人握有。

# 三　喜怒无常

　　握有主宰一切权力的君王，自然是恣意肆欲喜怒无常的。韩非深知此，他说，龙也是一种虫，可以驯而骑之，"然其喉下有逆鳞径尺"，倘若有人触到它的逆鳞必定要被咬死。他还提醒人们说："人主亦有逆鳞。"

　　为了说明君王所特有的龙的性格，韩非还讲了一个很生动的故事：卫国的法规定，凡私自驾君车者要处以刖刑，而卫君宠臣弥子瑕，因母病"矫驾君车以出"。卫君知道后称赞说，"孝哉"，为了母生病的缘故，擅自驾我的车，顾不得犯刖罪。后来，弥子瑕与卫君游果园，弥子瑕自己贪吃蜜桃，将剩下的一半给卫君吃，卫君高兴地说，"爱我哉"，这么甜的桃子，自己舍不得吃，留给我吃。日长月久，卫君对弥子瑕的情感淡薄了，加上弥子瑕又犯了一些过失，卫君重新回忆过去两件事说，弥子瑕曾经擅自驾我的车，又曾经将他吃剩下的桃子给我吃。弥子瑕所做的那两件事，还不是那两件事，变不了，而卫君先是称赞弥子瑕，后是要惩处他，这是什么原因呢？是"爱憎之变也"①。君王有爱于臣下，臣下即使有所不当也是好的；君王有恶于臣下，臣下即使没有过失也要获罪。有时，甚至还"有功见疑""有罪益信"。对此韩非曾举两例加以说明，一是魏将乐羊攻中山，其子在中山被中山君烹，并送一杯羹给乐羊，他坐幕下，一饮而尽。文侯对堵师赞说："乐羊因为我的缘故而吃儿子的肉。"堵师赞回答说："连儿子的肉都能吃，还有什么他不吃？"文侯因"赏其功而疑其心"。

另外一例是，鲁孟孙猎而获麑，派秦西巴"持之归"，麑母跟着后面啼叫，秦西巴"弗忍"，还小麑于母麑。孟孙归，求麑，秦西巴回答说："我不忍心而放还给母麑。"孟孙大怒，将秦西巴"逐之"，过了3个月，又召回并以秦西巴为他儿子的傅。有人问他说，你过去责罚他，今又召回来做子傅，这是什么原因？孟孙说，他不忍麑，又能对我儿子有歹心吗？这是秦西巴"以有罪益信"②。

爱憎的变化，也即是心理的变化，这是最难掌握的。所以在《说难》篇开头写道，在这里说的难，不是我们一般所说的难，是说被说者之难，不是说者说不清、被说者听不清的难，也不是说者不放胆讲以至问题没有被阐述清楚的难，而难就难在不容易知被说者的"心"③。做臣子，要想辅佐君王建树卓越又能避免杀身之祸，就要善于揣摩君王的心理。

君王的心理与普通人不同的地方有两多：多疑和多变。

君王多疑不是天生的性格，而是由他所处的环境决定的，君王

---

① 《韩非子集解》，第100—101页。
② 《韩非子集解》，第191—192页。
③ 《韩非子集解》，第91—92页。

周围危机四伏,不可信的人固然危险,可信的人更危险,这就叫作"人主之患在于信人"。

臣子之所以要奴颜婢膝取得君王的信任,是因为屈服君王的权势,实际上,他无时无刻不在"窥觇其君心",以求私利得逞。一旦"人主怠傲处其上",他就要"劫君弑主"。或者讨好"人主而大信其子",乘人主之子"以成其私";或者讨好"人主而大信其妻",乘人主之妻"以成其私"。请看,妻子如此近,儿子如此亲,"犹不可信",此外还有什么人能相信呢?

君臣关系和一般的人与人关系一样都是利害关系。当君王活着对群臣、妻儿有利,他们希望君王长寿;当君王活着对群臣、妻儿不利,他们希望君王早死,如同制车子的希望人们升官发财,做棺材的希望人们夭亡一样,儿子因为母亲失宠而丧失了继位权,则"冀其君之死者也",以"衰美之妇人事好色"的君王,"则身死见疏贱,而子不疑不为后",则"冀其君之死者也"。① 历史记载,君王正常死亡居半,另一半都是被奸臣利用继承权之争而杀害的。

韩非认为"人臣有五奸":一是滥用"财货"收买人心以取得声誉;二是广为"赏赐"将君王身边的人拉拢过来;三是潜心结党以扩大势力;四是任意赦免罪犯表示有生杀予夺之威;五是身穿华艳的服装,口发狂言怪论,受人财货评论是非,以"眩民耳目"。这五奸,为"明君"所疑,为"圣主"所禁。但是,由于人臣玩弄了权术,而使"主不知"②。这才是最危险最可怕之处。

所以,君王要小心提防并以君王的权术对人臣的权术。如《韩

① 《韩非子集解》,第122—123页。
② 《韩非子集解》,第446页。

非子·内储说上》载:周主丢失"玉簪",命令"吏"寻找,过了三天还未找到下落,而周主自己另派人在"家人之屋间"找到。因此周主训斥吏说,你们找了三日"不得",我令人找,"不移日而得之",我知道你们不忠于职守,"于是吏皆耸惧,以为君神明也"。① 这个故事不一定真实(在历史上类似这样的事未尝没有),但说明了君王猜疑、提防臣子到了疑神疑鬼的地步。

韩非列举君王对臣下的猜疑种种:与君王议论大臣,有离间的嫌疑;与君王谈论左右侍从,有炫耀自己权势的嫌疑;夸耀君王之所爱者,有找靠山的嫌疑;谈论君王之所恶者,有试探的嫌疑;说得直截了,有笨拙的嫌疑;说得细致周详了,有琐碎的嫌疑;陈述简略,有胆怯的嫌疑;畅所欲言,有傲慢不恭的嫌疑。嫌疑引起杀身的危险,杀身往往因嫌疑所致。所以,韩非又将这种嫌疑称之为"身危"。"身危"又有种种:无意中点破了君王内心的机密者,"身危";察知君王借一种公开的行动以掩饰内心的另图者,"身危";猜测到君王内心谋划,事泄遭疑者,"身危";与君王情感不深而进言奏效或不奏效者,"身危";借宣扬"礼义",以抖出君王的毛病者,"身危";谋略得当君王独占其功而知其谋者,"身危";要君王做他不愿做的事,要君王停止他所示愿的事,"身危"。②

----

① 《韩非子集解》,第252—253页,又《内储说上》载:"韩昭侯握爪而佯亡一爪,求其甚急,左右因割其爪而效之,昭侯以此察左右之不诚。韩昭侯使骑于县,使者报,昭侯问曰:'何见也?'对曰:'无所见也。'昭侯曰:'虽然,何见?'曰:'南门之外,有黄犊食苗道左者。'昭侯谓使者:'毋敢泄吾所问于女。'乃下令曰:'当苗时禁牛马入田中,固有令。而吏不以为事,牛马甚多入人田中,亟举其数上之;不得,将重其罪。'于是三乡举而上之,昭侯曰:'未尽也。'复往审之,乃得南门之外黄犊,吏以为昭侯为明察,皆惊惧其所而不敢为非。"第253—254页。
② 《韩非子集解》,第92—94页。

　　时时处处,一言一行都会引起嫌疑,每一嫌疑都会引起君王心理的变化,众多的嫌疑就决定了君王的心理复杂多变。一时晴一时雨,诡谲莫测,今天将你视为功臣,明日将你以仇人而处之;今天将你视为君子,明日将你以小人而弃之;今天将你视为正直可信者,明日将你视为虚伪奸诈者;今天对你以师事之而言听计从,明日对你恨之如仇下狱处死;今天爱之不愿你稍离左右,明日恶之,驱你于千里之外;今天信之,愿将江山托付于你,明日失宠,千里河山无你立足之地。与这样的君王最难对话,最难相处,动辄得咎,言辄得咎,时时处处使人有恐畏感,有危险感。故人云:"伴君如伴虎。"

　　君王既要利用臣子又不信任臣子,臣子既要依靠君王又畏恐君王,这种微妙的关系,就决定了君臣之间要玩弄权术了。法、势、术的术,主要是一种权术①,这种权术,有的用在内政上,有的用在外交上,更多的是用在君臣之间。君对臣用权术,臣对君也用权术。

　　臣子用术来对付君王喜怒无常复杂多变的心理。臣下向君王进言,如何既能自由驰骋自己的意思避免杀身之祸,又能进一步取得信任重用呢? 韩非曾为此列了13条说君王之术。

　　第一,进言者应夸赞君王自己认为得意的事情,掩盖他认为羞耻的事情;

　　第二,君王急谋私利,进言者应将私利说成合乎公义,并纵容他大胆去干;

---

① 《韩非子·奸劫弑臣》载:"循名实而定是非,因参验而审言辞。"这说明术不完全是权术。见《韩非子集解》,第106页。

第三,君王有卑下的念头,想干而又有所顾忌,进言者就要故作姿态,抱怨他为什么不去干;

第四,君王想做实际做不到的事,进言者不要硬顶,而是揭示这件事的缺陷,称赞他不去做的明智;

第五,君王想要夸耀自己的才智,进言者就应为他自逞才智提供依据,而又要假装不知道;

第六,进言者要为人说情,既必须用好的名义加以阐明,又要暗示此事合君王私利;

第七,进言者要劝阻君王做危害社会的事,不仅要说明做此事定遭议论,而且还要暗示此事有害于君王本身;

第八,假如君王不喜欢露骨的赞誉,进言者就赞誉与君王思想行为相同的另一个人,借以达到间接赞誉的目的;

第九,假如有人跟君王有同样卑污的行为,进言者必须毫不含糊地加以掩饰,说他没有什么过失,借以达到间接为君王饰非的目的;

第十,假如有人跟君王一起遭受失败,进言者必须否认有什么失败,借以间接挽回君王的面子;

第十一,君王在夸耀自己的能力时,进言者不应劝他做办不到的事,以免让他露马脚;

第十二,君王自以为勇于决断,进言者就不要揭他在这方面的短处;

第十三,君王自以为谋略高明,进言者就不要扬出他在谋略方面的失措而使他困窘。

韩非这十三条说君之术,都是教人学会讲假话讲违心的话。

除个别条是婉言规劝君王不要干不利于社会的事外,其他或者是为君者讳,或者纵容君王谋私。不敢揭露君王的丑恶思想和行为,尽是迎合和助长君王的虚荣、骄横、独尊、自私的意识。当时,韩非为法术之士献这些说君之术是为了实现"振世"的宏图,即使如此,这些手段也是卑劣的。在漫长的历史长河中,有时是崇高的目的、卑劣的手段;而更多的是卑劣的目的、卑劣的手段。从这里我们可以看到在专制主义制度下的君臣关系。连韩非都说,这是要求人臣以役仆的身份讲"宰虏"之语言,甚"污",甚"耻",只是不自以为"耻"而已。① 韩非倡导这种臣下对君王或君王对臣下的术,可以说完全是法家学说的糟粕,是专制主义制度派生出的污垢。一边是操有生死予夺之权的君王,一边是无生命财产保障的臣下;一边是至高至尊神圣不可侵犯,一边是在苟且偷生下求贵求富。这些君臣之间的极不平等的关系,迫使臣下向君王阿谀奉承、讨好,讲假话、讲违心的话,即使是真实的思想,也要通过假话、违心的话表现出来,因为臣下随时随地一言一行都怕触犯了喜怒无常的君王。

喜怒无常是专制主义君王的特有的性格;假话、违心的话是专制主义臣民的特有的语言;这种性格、语言都是特有的心理反应。总之,这种性格、语言、心理都是专制主义的产物。

---

① 《韩非子·说难》载:"此非能仕之所耻也。"见《韩非子集解》,第98页。

# 四　攀龙附凤

　　自绿林赤眉起义后,天下未定,真是"不知多少人为帝"? 刘
缤、刘秀兄弟就是竞夺者之一。在争夺中,刘缤被刘玄所害,刘秀
只得以计摆脱刘玄的控制,逃到河北另辟天地,另拉队伍,另立班
底,自谋称帝。刘秀称帝是定了,但是,什么时候正式称帝有个时
机问题。跟随刘秀的文官武将,一时听到王郎称帝,一时听到刘婴
称帝,一时又听到公孙述称帝,就有点耐不住气了,也纷纷起来进
劝刘秀称帝,刘秀总以为时机未到。有一次行军至南平棘的地方,
将领又一次坚决劝进,刘秀被逼急了,只得吐露真情地说,"寇贼未
平,四面受敌",何必这样快地亮出旗子呢? 你们出去吧,不要讲
了! 本来刘秀对于称帝的想法并不想让人得知,现在只得公开说
明,我不是不要称帝,只是时机未到。众将走后,耿纯单独留下向
刘秀进言,他说,"天下士大夫捐亲戚,弃土壤",跟着"大王"冒"矢
石",出生入死,都是为了"攀龙鳞,附凤翼",以求达到自己的追求,
现在时机已到,"大王"再不称帝,大家就要"望绝计穷",离"大王"

而去,"大众一散,难可复合"①,"大王"的事业也就完了。耿纯言辞真诚恳切,刘秀深为感动,随即正式称帝了。

"攀龙鳞,附凤翼",出自扬雄《法言》,经耿纯这样一引用,此后"攀龙附凤"就成为随附主子打天下,以求荣华富贵的"美称"了。

辅佐秦始皇统一天下的李斯,原是楚国上蔡人,年轻时做一"郡小吏",很不得志。有一次,他上厕所看见老鼠在吃不干净的东西,而且惊恐不安,时时怕人与犬走近它,又在仓库里看到老鼠吃堆积如山的粟,而且安安稳稳,无"人犬之忧"。于是,李斯感叹地说,人的贵贱高低如同这两种处境不同的老鼠一样,什么高低贵贱,都是因为各自所处的境遇不一样。两种处境不同的老鼠,诱发了李斯心底蕴藏的私欲,他悟出了一个门道,即他要改变自己当小吏的卑微的地位,就必须改变自己的处境,换句话说,也要找一个可以攀附的主子。

举目四望,李斯走向哪里？山东六国都衰落了,没有可以建大业的人,自己的楚国也无可足以辅佐的人,只有秦国还可以去看看。临走之前,李斯辞别他的老师荀卿说,当今秦王政欲统一天下,成称帝之大业,这正是"布衣"施展才能的时候,在这个时候不能用自己的才能取得"荣贵",那是枉活了,简直如"禽兽"般,我以不能改变我今天"卑贱"的地位而耻辱,我要去秦国奉事"强主"②了。异曲同工,李斯是用自己的语言表达了他的"攀龙附凤"的心态。

攀龙附凤,是一种臣子选择主子的过程。这种选择是要极其

① 范晔:《后汉书》卷一《光武帝纪》,李贤等注,北京:中华书局,1965 年,第 21 页。
② 《史记》卷八七《李斯列传》,第 2539—2540 页。

慎重的,如刘备三顾草庐就是诸葛亮选择主人极其慎重的结果,一旦臣子选定了自己要追随的主人,就是将自己的身家性命、一生的事业和前途全托付给他了,一荣俱荣、一损俱损,怎能不慎重呢?

这种选择有的是始终如一的,有的是有始无终的,有的是摇摆不定的。

如萧何选择汉高祖刘邦,房玄龄选择唐太宗李世民,赵普选择宋太祖赵匡胤,李善长选择明太祖朱元璋等都属于始终如一之类。要做始终不渝的追随者是很不容易的。

萧何辅助刘邦,忠心耿耿,精心尽意,刘邦想到的他想到了,刘邦没想到的他也想到了。刘邦进兵咸阳,诸将争着抢“金帛财物”,唯独萧何为刘邦坐天下着想,“入收”秦丞相御史所掌握的“律令图书”,后来,刘邦之所以知晓户口多少,民间疾苦,各地强弱贫富,地势的险要,就是因为萧何收藏了“秦图书也”①。刘邦与项羽坚持三年的楚汉战争,刘邦在前方,萧何坐镇关中,“计户口转漕给军”,补充军卒不辍,没有萧何所治理的后方全力支持,刘邦要战胜项羽是不可想象的。连刘邦自己也承认萧何为他立了“万世之功”②,即使如此忠心耿耿、精心尽意的萧何,汉高祖刘邦也没有放过对他的猜疑。在刘邦与项羽争夺得最紧张、最激烈、最困难的时候,刘邦最害怕他后院起火,最害怕萧何背叛他,因此对萧何提防、猜疑。刘邦多次派人慰劳萧何,萧何身边的鲍生看出了刘邦的用意,对萧何说,汉王这样做,“有疑君心也”③。萧何对此是以诚释疑,于是,

①《史记》卷五三《萧相国世家》,第 2014 页。
②《史记》卷五三《萧相国世家》,第 2016 页。
③《史记》卷五三《萧相国世家》,第 2015 页。

听鲍生的建议,将自己的子孙及昆弟,凡是能打仗的都送到前线去。因此,刘邦放心了。

刘邦的大将韩信是萧何全力向刘邦推荐的,刘邦称帝,吕后杀韩信又是"用萧何计",韩信死后,刘邦升萧何为相国,加封五千户,增派五百士兵守卫相国府。布衣召平对萧何说,这不是好兆头,高祖用兵在外,君又不在前方打仗而是守着平静的关中,为什么要给君增设守卫的人呢?是因为新近韩信在关中反,而引起皇帝"疑君心矣"。萧何又以诚释疑,听从召平的建议,不仅辞让封赏不受,而且"悉以家私财佐军"①。汉高祖刘邦再一次放心了。

继杀韩信、陈豨后,刘邦又亲自带兵镇压黥布。刘邦临走前探听萧何的动向,左右人回答说,相国和过去一样,在兢兢业业安抚百姓,"悉以所有佐军"②。萧何以为这样可以消除刘邦对他的猜疑。然而,有客对萧何说:君治理关中十余年,深"得百姓心",加上"君位为相国,功第一",君还要像往常一样治理国家,那不是更"得百姓心"?所以皇上多次问君的情况,这是"畏君倾动关中",君有灭族的危险。如今君为什么不压低价格购买田地,以败坏自己的声誉?萧何这样做了,于是刘邦又一次放心。

西汉王朝建立,刘邦登上了龙基,这时刘邦害怕功臣宿将夺他刘家天下,功劳愈大,威望愈高,他愈加猜疑和提防。因此,他害怕功臣宿将继续治理国家,功劳更大,威望更高,这叫作"威高震主"。相反,你用做坏事的办法来败坏自己的声誉,他刘邦愈高兴。这就

---

① 《史记》卷五三《萧相国世家》,第 2017 页。
② 《史记》卷五三《萧相国世家》,第 2018 页。

叫"有善归主,有恶自与"①。为了巩固家天下,不惜鼓励大臣做损害平民利益的事,这是专制主义统治固有的腐败。

在西汉初的宿臣中,萧何的功劳最大,威望最高,而结局也最理想,其原因就在于萧何遭疑不怨,以诚释疑。

另有一类,如韩信选择汉高祖刘邦,侯君集选择唐太宗李世民。

韩信与萧何是两个不同类型的人物。韩信功名心极强而且不加掩饰。当他是穷困潦倒的布衣时,他就有争当万户侯之志。母亲死,因"贫无以葬,然乃行营高敞地,令其旁可置万家"②。司马迁游韩信母亲墓地,就知韩信所蓄志向。韩信确实有军事才能,西汉初可谓猛将如云,但是唯独韩信堪称有勇有谋、独当一面的军事战略家③,他的智勇都超过了项羽,刘邦要夺天下非韩信不可。④而韩信自视清高,他瞧不起人,"羞与绛、灌等列",甚至当着刘邦的面也出言不逊:"陛下不过能将十万。""臣多多而益善耳。"⑤功名心极强而又自视极高的韩信,可以不与没有社会地位或他瞧不起的人相计较,可以受"胯下之辱",也很讲义气,但是,就是挫伤不得他的功名心,故韩信对待刘邦是矛盾心理:一方面刘邦压抑他的功名心,"居常鞅鞅",有背叛的企图;另一方面,又觉得刘邦对他有知

---

① 《史记》卷五三《萧相国世家》,第 2018 页。
② 《史记》卷九二《淮阴侯列传》,第 2629—2630 页。
③ 《史记》卷五五《留侯世家》载,张良说:"汉王之将独韩信可属大事,当一面。"第 2039 页。
④ 《史记》卷九二《淮阴侯列传》载,萧何说:"诸将易得耳,至如信者,国士无双……必欲争天下,非信无所与计者。"第 2611 页。
⑤ 《史记》卷九二《淮阴侯列传》,第 2628 页。

遇之恩,不忍背叛。刘邦对待韩信也是矛盾心理:一方面认为韩信是大将之才,可用;另一方面又顾虑韩信的存在对刘家天下的威胁。韩信处于可叛与不可叛之间,刘邦处于可杀与不可杀之间。随着事态的发展,矛盾在转化,当可叛与可杀转化为矛盾的主导面,悲剧就酿成了。

最初,韩信投奔项梁、项羽,得不到重用,因此改为投靠刘邦,他跟随刘邦入汉中,因为不为刘邦所赏识,从而留下了"萧何月下追韩信"的佳话,这都说明韩信这人才高不得屈用,一屈用就受不了,就要"逃"。

后来,刘邦听萧何的建议,筑坛拜韩信为大将,韩信心情舒畅,他充分发挥了自己的军事才干,尤其在井陉口背水一战,取得了击毁项羽的决定性胜利,从此,韩信名声大震。当韩信在井陉口打了大胜仗准备南下取齐时,刘邦却在荥阳被困,此时,韩信派人到刘邦那里,要求封他为"假王",刘邦十分恼怒地骂道:"我被困在这里,日夜望你韩信来支援我,而你却要自立为王。"脱口而出露真情,在旁边的谋士张良、陈平怕刘邦因此得罪了举足轻重的韩信,马上踩刘邦的脚以暗示,刘邦反应快得很,当即改口讲假话:"大丈夫定诸侯,即为真王耳,何以假为!"[1]当时,刘邦虽然对韩信无可奈何,不能发作,但这件事不能不给刘邦很深的印象,留下猜疑防备之心。

韩信占有齐地后,项羽派武涉说韩信说,在楚王与汉王之间,足下举足轻重,投汉王则汉胜,投楚王则楚胜,汉胜楚,则汉下步就

---

[1]《史记》卷九二《淮阴侯列传》,第 2621 页。

是消灭足下,不如足下中立,使汉楚连和,足下"三分天下"而王。韩信说,我跟着项王,"官不过郎中","言不听,画不用"。我投汉王,"授我上将军印","统数万众","言听计用",我才有今天。汉王深亲信我,我背叛他"不祥",虽死我不后悔。①

武涉走后,蒯通又来以同样道理劝说韩信保持中立,三分天下。韩信说,"汉王遇我甚厚",我为了私利而背叛他不义。蒯通又说:文种等人辅佐越王勾践灭了吴国复兴了越国,结果是"立功成名而身死亡,野兽已尽而猎狗亨",而且"患生于多欲而人心难测",我曾知道有这样两句话:"勇略震主者身危,而功盖天下者不赏。"希望"足下深虑之"。韩信恃己"功多","仍不忍倍(背)汉"。②

韩信最终没有背叛刘邦是因为讲义气的思想支配了他,而且相信刘邦也会和他一样讲义气,念他"功多",不至于加害于他。事实上,韩信在军事上是大才,在处理君臣关系上却是太天真了。

正如武涉和蒯通所说的那样,韩信的价值存在于楚汉之争中,楚汉战争一结束,刘邦与韩信之间的猜疑加深,裂痕扩大。从不叛走向叛,从不杀走向杀。

楚汉战争结束后,曾有人上书汉高祖刘邦告韩信反,刘邦用陈平计表面上说是"游云梦",实际上是袭擒韩信。当韩信得知,处于欲反与不反之间,犹豫不决。一时"欲发兵反",一时"自度无罪,欲谒上",一时"恐见禽"。最后,韩信为了保存自己,用旧友钟离眜的头求媚于刘邦。这种杀友求媚的做法,不正是暴露了韩信自己吗?钟离眜在自刭前指责韩信说:"吾今日死,公亦随手亡矣。"当韩信

---

① 《史记》卷九二《淮阴侯列传》,第 2622 页。
② 《史记》卷九二《淮阴侯列传》,第 2624—2625 页。

捧着钟离眛的头去见刘邦时，立即被缚放在后车，带往洛阳，韩信怨愤地说，果然如人所说"狡兔死，良狗亨；高鸟尽，良弓藏；敌国破，谋臣亡。天下已定，我固当亨"①！这次刘邦将韩信降为淮阴侯，释放了。韩信不是以诚释疑，先是卖友求媚，暴露自己的不可信，后是发怨言表明自己悔不早反的心迹，加深了刘邦对他的猜疑。所以，刘邦后来终于杀了韩信。

韩信能不能避免杀身之祸？假如刘邦以诚待韩信，不轻信谣传，不"畏恶其能"，不将韩信从王降为侯，增加他的怨望，增添他的疑虑，就会强化韩信的感知遇之恩不忍反叛的观念，但是，这是作为皇帝的刘邦所做不到的。因为皇帝有随便猜疑臣子的权力，即使是无根据的怀疑所造成的一切严重后果也不用承担任何责任。又假如韩信像萧何那样能做到遭疑不怨，以诚释疑，也可能化险为夷。但是，韩信的性格个性决定了他做不到，所以韩信必死。

在专制主义制度下，怀疑臣子是君主的特权，而臣子对君主的怀疑却没有不满、怨愤、反抗的权利，只有被怀疑的权利，只有遭疑不怨、以诚释疑的权利。君主愈怀疑，臣子愈要示之以诚，示之无怨，君主愈是耍虎威，臣子就愈要拿出听任被吃的奴性。韩信本无反意，也无反抗的行动，后来有反抗的情绪、反抗的怨言和反抗的企图，也是刘邦的所作所为"诱逼"②出来的，韩信为什么经不起"诱逼"呢？作为臣子，天生就应该有抗"诱逼"的能耐，没有这种能

---

① 《史记》卷九二《淮阴侯列传》，第 2627 页。
② 《汉书》卷三四《韩彭英卢吴传》载：班固说，韩信、彭越、黥布等人，"见疑强大，怀自安，事穷势迫，卒谋叛逆，终于灭亡"。足见班固认为韩信等人"谋反"是被"诱逼"出来的。第 1895 页。

耐就不配当臣子。韩信之死"不亦宜乎"！

是臣子,总得要攀龙鳞,附凤翼,但是这种攀附是不容易的,有多少人从龙凤身上摔跌下来,坠毁谷底。这惨景吓坏了多少人,他们只有以奴性乞避厄运,像萧何那样。尽管这条活路是屈辱的狭窄的,然而在各条活路都被堵死的情况下,毕竟也算一条活路。

在我国历史上有这样的传统:赞美萧何的奴性,贬责韩信的个性,连自我意识很强的司马迁都不免为这传统所宥。请看,司马迁评价韩信说:"假令韩信学道谦让,不伐己功,不矜其能,则庶几哉,于汉家勋可以比周、召、太公之徒,后世血食矣。不务出此,而天下已集,乃谋畔逆,夷灭宗族,不亦宜乎！"①

也许专制主义统治太险恶了,太无路可走了,不能责怪哪一个人,完全在于制度。

①《史记》卷九二《淮阴侯列传》,第 2630 页。

# 五　明争暗算

共同的敌人被打倒了,战胜者为了权利的分配而发生层出不穷的明争暗算。只是这种明争暗算在专制主义统治下以特有的方式进行着。

刘邦在战胜项羽登上龙基之后,曾经"攀附"于他的一批文臣武将,拿出了当年打仗的劲头与自己的伙伴争权夺利了。

打败项羽后,刘邦在臣下的推拥下急匆匆在定陶登基,在会上,"群臣饮争功,醉或妄呼,拔剑击柱"①,他们争权夺利的贪欲,把一个庄严隆重的会搞得乌烟瘴气。

如何论功行赏?争论不休,刘邦要封萧何第一,众武将不服,他们说,臣等"身披坚执锐,多者百余战,少者数十合,攻城略地,大小各有差",而萧何未打过仗,没有"汗马之劳",只是舞文弄墨,怎么居臣等之上?刘邦居高临下,以皇帝绝对的权威发言:"诸臣知

---

① 《汉书》卷四三《叔孙通传》,第 2126 页。

道打猎吗？追捕兽兔的是狗，而指使狗追捕的是人，"诸臣"只是追捕兽兔的，属于"功狗也"，萧何是"发踪指示"的，属于"功人也"。[①]就这样，将一场争论压下去了。

经过反复考虑，刘邦封三十余功臣为侯，而未得到封的人得不到满足，他们"日夜争功不决"。刘邦在洛阳南宫过"复道"，"望见诸将往往相与坐沙中语"，刘邦问张良：他们在讲什么？张良说，陛下不知道吗？这是在讨论谋反事呀！刘邦说，天下已定了，为什么还要谋反呢？张良说，陛下以布衣得天下，是靠他们，"今陛下为天子"，而所封的都是萧何、曹参等所亲近的人，所诛的都是陛下生平所仇怨的人，应该封的人多，而不能一一满足，因此，有的人怕封不到自己，有的人怕"见疑平生过失"而遭诛，"故即相聚谋反耳"。刘邦听到此，很忧虑地说，怎么办？张良乘机问道，陛下平生最厌恨的是谁？而且此人大家都知道。刘邦说，在未起兵前，我就与雍齿相处不好，他曾多次侮辱我，使我难堪，我想杀他，"为其功多，故不忍"。张良建议说，陛下马上先封雍齿，使得"群臣"知道，"则人人自坚矣"。[②]

这个故事也许有所失实，但是，有两点是可以肯定的：第一，西汉王朝建立后，统治集团内部权利分配之争确实激烈；第二，权利分配的主宰者是皇帝，他完全可以按照自己的憎恶行使权力，刘邦之所以听从张良的建议，这主要是取决于他个人的素质。

在秦汉之际，封王已成为不可抗拒的思潮，陈胜封王，项羽封王，几乎无人不王。刘邦新即皇帝位，自然也迫于诸将要求封王封

---

① 《史记》卷五三《萧相国世家》，第 2015 页。
② 《史记》卷五五《留侯世家》，第 2042—2043 页。

侯的压力,不得不封韩信、黥布、彭越等人为王侯,刘邦毕竟对这些桀骜难驯的异姓王侯不放心,为了给他的子孙留下太平天下,所以刘邦在他去世之前将韩信、黥布、彭越——铲除。与此同时,大封同姓王,此后,就产生了地方势力同姓王与专制主义集权的矛盾,经过文帝、景帝、武帝几代的努力,解除了同姓王对中央集权的威胁。继之而起则是外戚势力的崛起,以致刘家天下为外戚所握,一个威胁势力解除了,另一个威胁势力又产生了,威胁势力就像王朝自身的影子一样,始终伴随着它,所以任何王朝都是存在于"明争暗算"的漩涡之中。因为任何皇帝的势力只能解除某一具体的威胁势力,而不能铲除产生威胁势力的根源,这根源不是别的,往往就是中央集权本身。

吴王刘濞,刘邦侄,在诸王中最长,刘邦"患吴、会稽轻悍",地大物产丰富,难治,故封刘濞为吴王,管辖"三郡五十三城"。在刘濞治理下,吴地经济发展很快,尤其是利用了地方经济的特点,以豫章铜山铸钱,以东海水煮盐,因此,"国用饶足"。一般老百姓"无赋"①"无役"②,境内繁荣昌盛,吸引着各地"亡命者"来此谋生,"郡国吏欲来捕亡人者,烦共禁与"。实际上,当时吴国的经济发展水平超过了西汉王朝整个经济水平,吴国财政收入比西汉王朝充足③,吴国充分发展地方经济这本是利于社会发展的好事,然而,这是专制主义中央集权制度所不允许的,是专制主义中央集权的观

---

① 《汉书》卷三五《吴王传》载:如淳曰:"铸钱煮海,收其利以足国用,故无赋于民也。"第1904页。
② 《汉书》卷三五《吴王传》载:"卒践更,辄予平价。"晋灼曰:"谓借人自代为卒者,官为出钱,顾其时庸平贾也。"第1905页。
③ 《汉书》卷二四下《食货志》载:"是时,吴以诸侯即山铸钱,富埒天子。"第1157页。

念所不允许的,因此,吴国的经济繁荣和政治昌明必然要招祸。

晁错劝景帝伐吴,列举的理由有如下几条:第一,"有太子之隙,诈称病不朝,于古法当诛"。文帝时,吴国王太子入侍皇太子,王太子与皇太子"博",因为王太子平时在吴"素骄",不知此时他已低皇太子一等,不知谦让,激怒了皇太子,皇太子随手将王太子击毙。由此引起了吴王刘濞的"怨望"。因为杀人者是皇太子,所以杀人者无罪,而吴王刘濞因此产生不快情绪反而有"当诛"之罪,罪从何来?岂不是来源于专制主义吗?第二,"公(即公然)即山铸钱,煮海为盐"。这一点前面已讲,更是何罪之有?难道有海水不煮,有铜不让铸,空让其存在,就无罪吗?难道不让经济发展就无罪,发展就有罪?这种有罪无罪的逻辑只能是专制主义抑制地方的逻辑。

幅员广大的古代中国,由于地理条件的多样性,自然地形成各种地区经济,全国的整体经济就是由各地区经济组成,只有各地区经济的发展才有整体经济繁荣。按照专制主义中央集权统治的原则则不是这样处理中央与地方的关系。掌握中央大权的皇帝及其谋臣对地方势力的发展高度敏感,他们认为地方经济力量任何一种发展都是对专制主义中央集权统治的威胁,不管有理无理,总是按中央尊地方卑的陈规处理,不管实际情况如何,地方经济力量总是不能超越中央,宁可让其浪费,也不让其超越,不管地方有无叛逆之心,中央认为某一地方势力的存在或发展,对专制主义集权统治是一种威胁,那就要听任中央削弱、讨伐、铲除。吴王刘濞派人劝胶西王与他联合举兵,胶西王惊愕地说:"寡人何敢如是?今主上虽急,固有死耳,安得不事?"①这完全是怀着听任宰割的心理。

中国历史上有过分强调统一、集中的传统,因此,对西汉时期以吴王刘濞为首的"七国之乱"过于贬抑了,应该有所纠正。第一,吴国因地制宜发展铸钱煮盐无罪,西汉王朝压制、摧残这种发展,对社会极为有害。第二,西汉王朝对地方势力的发展时时怀着恐惧的心理,其实,不是地方势力任何发展都对西汉王朝构成威胁,不是地方势力天然地具有叛逆之心。西汉王朝时时刻刻在猜疑他们,谋算他们,削弱他们,使他们时时刻刻忐忑不安,感到朝不保夕,使他们置于这样的处境:要么听任宰割,要么起兵反抗,舍此别无他路,从总体上看,吴王刘濞起兵与韩信谋反一样,也是被逼出来的。吴王刘濞这个案,至今仍未完全翻过来,由此,可以想见,过分强调统一、集中的传统影响之深。然而,古代中国向近代社会步入之艰难,这种传统的影响则是原因之一。

吴王刘濞起兵与景帝派兵镇压这个过程就是中央王朝与地方势力的明争暗算,围绕这个总过程,还派生出与个人的特性和品质有关的明争暗算。

景帝削藩,晁错是他的最积极的谋划者,撇开晁错的政治主张在历史上所起的是什么作用不论,就个人品质来说,晁错对景帝是忠诚的,对自己的政治主张也是忠诚的。为了维护皇帝的尊严,他毫不考虑个人的安危,晁错提出削藩主张,"诸侯讙哗"。为此,晁错父亲特地从颖川赶到长安劝阻说:晁错,天子刚刚即位,重用你,你却推行"侵削诸侯"事,招来众多人的怨恨和咒骂,是为了什么

① 《汉书》卷三五《吴王传》,第 1907 页。

呢？晁错说，这是一定要做的，不这样做，"天子不尊，宗庙不安"。他父亲见不听，"遂饮药死"。①

晁错的死对头袁盎则与晁错不一样，他外直内诈，以急谏取荣。他的政治主张与晁错一致，也赞同削藩。景帝以为他忠直，故派他为吴相，他侄儿袁种向袁盎献策说，君若要对吴王监视得太严，吴王不是上书告君，就是将君杀死，"南方卑湿"，君就天天饮酒，不说别的，只是劝吴王不反就行了，这样君可避祸。他照办，后来，晁错以御大夫的身份治他"受吴王财物"②的罪。因此，晁错与袁盎结仇了。可悲的是袁盎处心积虑要报复，而晁错却不提防，终被暗算。

景帝做太子时，晁错为太子家令，"太子家号曰'智囊'"。③ 景帝即位任他为内史，后迁升为御史大夫，甚得景帝的重用和信任，他"幸倾九卿"，遭到了袁盎、窦婴和丞相申屠嘉等大臣的忌恨，申屠嘉曾以晁错"凿庙堧垣"④奏请诛之，当未达到目的时，申屠嘉愤愤地说，我没有先斩后奏，以致误了事，遂发病死。可以想见，晁错与这些人的恩怨有多深。晁错恃着与皇帝关系密切可靠，对他身边的忌恨者无所顾忌。然而，问题就出在这个"可靠"上。

吴王刘濞带头挑起"七国之乱"，大有不知谁家天下之势。"长安中列侯封君行从军旅，赍贷子钱，子钱家以为侯邑国在关东，关

---

① 《汉书》卷四九《晁错传》，第 2300 页。
② 《汉书》卷四九《爰盎传》载："盎素不好晁错，错所居坐，盎辄避；盎所居坐，错亦避；两人未尝同堂语。"第 2273 页。
③ 《汉书》卷四九《晁错传》，第 2278 页。
④ 《汉书》卷四九《晁错传》，第 2299 页。

东成败未决,莫肯与。"①景帝本人也很紧张。晁错责怪袁盎"多受
吴王金钱,专为蔽匿,言不反"②。治与不治袁盎的罪? 晁错正在犹
豫未决时,有人私下告之袁盎,袁盎觉得事态发展对他愈来愈不
利,就深夜托窦婴引见景帝。袁盎利用景帝害怕吴王刘濞起兵的
心理,一开头就对景帝说,吴楚七国之乱,不足忧,今可以破矣。景
帝说,"吴王即山铸钱,煮海为盐,诱天下豪桀(即傑,杰),白头举
事",没有百分之百的把握,他怎么会起兵呢? 怎么说他们"无能
为"呢? 袁盎单独对景帝说,吴王刘濞之所以反,就是因为晁错"擅
适(即谪)诸侯,削夺之地"③所引起的,因此,现在也只有杀晁错以
退兵。

　　袁盎的分析对不对呢? 假如从最初引起中央王朝与地方势力
的关系紧张的原因来说,王朝的坚决削藩政策不能说不是重要原
因,假如王朝执行一种妥善的政策,这一场战争也许可以避免。而
在战争爆发后,袁盎这样说完全是为了置晁错于死地。景帝听了
袁盎的话,想了好久,然后说:"顾诚何如,吾不爱一人谢天下。"④
于是一位忠诚的大臣就被处死了。晁错死前穿着朝服被骗着乘车
在街上行驶,晁错不知道大难当前,他自己会被处死,更不知景帝
为什么要处死他,他死时还来不及说两句话来表达自己的冤屈。

　　削藩,是自文帝以来朝野议论的重大问题,坚决主张削藩者,
有贾谊和晁错,景帝赞同削藩也不是因为晁错煽动的结果,景帝本

①《史记》卷一二九《货殖列传》,第 3280 页。
②《汉书》卷四九《晁错传》,第 2273 页。
③《汉书》卷四九《晁错传》,第 2301 页。
④《汉书》卷四九《晁错传》,第 2301 页。

人就是坚决削藩的皇帝。这些景帝自己心里明白。吴王刘濞心里也明白,他之所以打着诛晁错以清君侧的旗号,完全是因为要避免违反君尊臣卑大限,权作一种策略。袁盎心里也明白,他之所以将起兵的原因完全归咎于晁错,是因为要借皇帝之手除掉有可能置他于死地的仇敌。景帝之所以接受袁盎的建议,是存在一种侥幸心理,反正区区一位臣子的性命没有河山重,没有皇帝贵,能杀一臣而换得河山和自己的安全,何乐而不为?况且,即使杀错了,皇帝又不需要承担任何责任。臣子对皇帝要讲道德,而皇帝对臣下则可以不受道德的约束,臣子是奴仆,利用、使唤、作弄,一切为了皇帝,你活着对皇帝有利,你就活,你死对皇帝有利,你就死。哪怕是冤屈而死,也得死。

晁错被杀后,景帝问从前线打仗回来的邓公说,你从前线回来,听到晁错已死,吴楚罢兵不?邓公回答说,吴为了起兵准备了几十年,是因为憎恨削地而反,诛晁错是一种名义,"其意不在错也"。景帝回答邓公说:"公言善,吾亦恨之。"①恨谁呢?恨自己,恨袁盎,轻轻说一"恨"②字,就过去了,为什么不惩袁盎?因为惩袁盎就是等于惩皇帝本人了,只好不了了之。

所谓明争暗算,有的是皇帝与臣子斗,有的是臣子与臣子斗。臣子与皇帝斗要拉着另一个臣子做皇帝的替身,臣子与臣子斗,各自要拉着皇帝做靠山。因此,无论什么样的明争暗算都围绕着皇帝进行。因为没有公开反对皇帝的理由,没有皇帝的点头,任何问题都得不到解决。

---

① 《汉书》卷四九《晁错传》,第 2302 页。
② 编者注:此处"恨"字或当解作"悔恨"

# 六  急流勇退，明哲保身

在政治舞台上，当到大家都进入了角色，全神贯注地叫呀，跳呀，哭呀，笑呀，有的人突然冷静了下来，悄悄地退出了热闹的场所，有的旁观者出于关心，劝说进入角色者。

这得从介子推说起。晋国内乱，公子重耳逃离在外颠沛20余年，跟随他风雨同舟的有赵衰、狐偃、咎犯、介子推等5人。最后，重耳在秦穆公的帮助下回晋国即位，称文公。晋文公照例封赏跟随他逃亡的有功之臣，但漏了介子推。有人为介子推抱不平，"悬书宫门"说："龙欲上天，五蛇为辅，龙已升云，四蛇各入其宇，一蛇独怨，终不见处所。"①文公派人召之，介子推已逃入绵上山中，并终生不出，历代都将介子推视为不居功不请赏的典型。

在重耳渡河回晋的船上，咎犯试探性地对重耳说，臣跟君"周旋天下"，有不少过失，尤其是对君个人有许多不周，从现在起，臣

---

① 《史记》卷三九《晋世家》，第 1662 页。

可以离开了。重耳说，若能回到晋国不与子犯共天下，河神为证，即投璧河中，"与子犯盟"。此时介子推在旁讥笑地说，公子成功返国，是天意，而子犯"以为己功而要市于君，固足羞也，吾不忍与同位"。①

于是，在渡河入晋时，介子推隐起来了。到晋文公行赏时没有找他，他也不主动邀赏。这时，介子推又说："窃人之财，犹曰是盗，况贪天之功以为己力乎？下冒其罪，上赏其奸，上下相蒙，难与处矣！"因此，他与母亲逃入山林，"至死不复见"。②

介子推为什么要逃入山林呢？仔细品味介子推的话，似乎是这样的意思：做君王的在成功时忘掉臣子的追随之功，做臣子的在成功时居功请赏，这样君与臣之间、臣与臣之间就很难相处了。简单地说，这就是介子推逃入山林的思想动机。假如君臣都能像介子推要求的那样，就不会有明争暗算了。因为介子推太理想化，实现不了，只有逃入山林。

在西汉初诸多老臣中，张良最淡泊于名利。刘邦称赞张良说："运筹策帷帐中，决胜千里外，子房功也。"评价极高，不亚于萧何。故要张良"自择齐三万户"，而张良自谦说："臣愿封留足矣，不敢当三万户。"③别人都嫌封少，唯独张良嫌封多。张良说，他作为布衣，"为帝者师，封万户，位列侯"，足矣。从此，"愿弃人间事"。④ 自洛

---

① 《史记》卷三九《晋世家》，第 1660—1661 页。
② 《史记》卷三九《晋世家》，第 1662 页。
③ 《史记》卷五五《留侯世家》，第 2042 页。
④ 《史记》卷五五《留侯世家》，第 2048 页。

阳返长安后，"即道引不食谷①，杜门不出"。刘邦死，吕后劝他进食，张良很感慨地说："人生一世间，如白驹过隙，何至自苦如此乎！"②

张良本来是参政意识很强的人，他曾"悉以家财求客刺秦王，为韩报仇"③。曾与客狙刺秦始皇于博浪沙中，后来跟随刘邦，左右不离，刘邦事事问他，他事事为刘邦谋划，然而，刘邦称帝后，他却"杜门不出"，"愿弃人间事"。这前后，岂不是判若两人吗？张良是一位善于洞察世事的人，他目睹韩信、黥布、彭越的被杀，又目睹了宴会上、宫廷上争功的场面和诸将相与坐沙中语的情景，不能不深深地触动他的心灵，从而对人生作出新的思考。他思考的结果是超脱，淡泊于名利，淡泊于世俗，因之，他晚年走向了道家神仙术，"人生一世间，如白驹过隙，何至自苦如此乎！"这几句话最能表达他晚年心迹了，如果说介子推超脱，他还有愤怒，那么张良就超脱得心平气和，一点怨恨也没有。

张良引退是在王朝之初，也有的是在王朝后期，自昭宣之后，西汉外戚势力抬头了，使得宫廷斗争异常复杂，朝官有的维护皇权，有的攀附外戚，而外戚之间又争得你死我活，往往维护皇权者，言辞急切，行为激进，如宣帝时盖宽饶，他为人"刚直高节，志在奉公"，任司隶校尉，"刺举无所回避"，又"好言事刺讥，奸（即干）犯上意"。

---

① 《史记》卷五五《留侯世家》，第 2044 页，注："服辟谷之药，而静居行气。"即今所谓气功。
② 《史记》卷五五《留侯世家》，第 2048 页。
③ 《史记》卷五五《留侯世家》，第 2033 页。

有一次,皇后的父亲、皇太子的外祖平恩侯许伯举行庆乔迁的宴会,当朝臣无不将眼睛盯着皇帝的继承人时,无人不讨好许伯,丞相、御史、中二千石都来祝贺,唯独盖宽饶不到,许伯亲自请了才进场。他"从西阶上,东乡特坐"以表自尊不诎,许伯亲自为他斟酒说:"盖君后至。"盖宽饶说:"无多酌我,我乃酒狂。"丞相魏侯笑说:"次公(盖字)醒而狂,何必酒也?""酒酣乐作",长信少府檀长卿跳"沐猴与狗斗"舞以取媚,引得哄堂大笑,盖宽饶很不高兴,他仰头看着屋顶叹气说:"美哉!然富贵无常,忽则易人",如同匆匆过客,"君侯可不戒哉!"说完不告而别,并上告跳"沐猴与狗斗"舞的长信少府"失礼不敬"。因此,"在位及贵戚人"都恨他。

太子庶子王生"高宽饶节,而非其如此",怕他招祸,因写信劝他说:君"用不訾之躯,临不测之险,窃为君痛之。夫君子直而不挺,曲而不诎。《大雅》云:'既明且哲,以保其身。'"[1]盖宽饶不听,结果达官贵人通过宣帝的手将他杀害了。然而,关于这一套"明哲保身"的道理,疏广、疏受则无人劝告而自通。

疏广、疏受叔侄与盖宽饶同时当场,疏广任太子太傅,疏受任少傅,"太子每朝,因进见,太傅在前,少傅在后。父子并为师傅,朝廷以为荣"[2]。他们在任五年,太子已 12 岁,疏广对其侄受说,"吾闻'知足不辱,知止不殆','功遂身退,天之道'也"。[3] 今我们官至二千石,算是功成名立了,到了这个地步,不引退而去,恐怕就要后悔,不如我们叔侄双双出关,老归故乡,以求寿终,岂不好吗?疏

---

① 《汉书》卷七七《盖宽饶传》,第 3245—3246 页。
② 《汉书》卷七一《疏广传》,第 3039 页。
③ 《汉书》卷七一《疏广传》,第 3039 页。

广、疏受之所以要"功遂身退"，是他们看到外戚擅权的危机，而且他们处在太子的太傅、少傅这种位置上，也决定他们不得不卷入斗争的漩涡。实际上，疏广、疏受已开始卷入了。

仍是前面提到的那个太子外祖父平恩侯许伯，因太子年少，请以他的弟弟中郎将舜"监护太子家"。宣帝就此问疏广，疏广回答说："太子国储副君，师友必于天下英俊，不宜独亲外家许氏。"①这当然得罪了外戚许家，随着宣帝年老太子年长，这个矛盾就愈来愈尖锐，所以，疏广、疏受趁早走。走时，"公卿大夫故人邑子设祖道（即饯行），供张东都门外，送者车数百两"，送行者及道旁观看者都说："贤哉二大夫！"②这大概是称赞他们主动退出争权夺利漩涡的明智吧！

作为开国皇帝，欢迎的是张良那种引退的。但是在开国的功臣宿将中像张良的毕竟是少数，为此有的开国皇帝就要用一种办法或者用一种计谋，强使功臣宿将不得不引退。

秦汉以来都是"资战力"夺取政权的，在战争中"武人屈起（犹勃起）"，出身贫贱的将领，在胜利之后，或"崇以连城之赏"，或授以丞相之权。然而，"势疑则隙生，力侔则乱起"。文臣武将权重势大，君臣之间则相疑了。结果是"萧、樊且犹缧绁，信、越终见菹戮"③。

东汉开国皇帝光武刘秀总结这段历史的教训，将"退功臣，进文吏"定为国策。西汉后期三公权很大，使得皇权旁落，刘秀虽然

---

① 《汉书》卷七一《疏广传》，第 3039 页。
② 《汉书》卷七一《疏广传》，第 3040 页。
③ 《后汉书》卷二二《马武传》，第 787 页。

没有废除三公,但将三公权收归皇帝,一些老臣当上荣誉极高的三公职称,只是徒有虚名而无实权。皇帝下面设尚书台,仅作为皇帝的办事机构,一切事项都由尚书台办理,一般功臣宿将不得入台①,入台主持事情都是老诚的"文吏"。因此,东汉初确实避免了杀功臣的悲剧的重演。但是,这是以相权的削弱、君主专制的加强为代价的。所以,仲长统评论说,光武皇帝恼恨西汉皇帝大权旁落而强臣窃权当道,于是,他"政不任下,虽置三公,事归台阁"。这是"矫枉过直"②。

刘秀外表和善,谈吐儒雅,自己也声称以"柔"治天下,其实他对臣下是很忮刻的。大凡刘秀所信任和重用的人,或"宽仁恭爱",或"谨信质朴",很少有自我意识很强的人。即使有个别人也不为他所容,如桓谭,他应是东汉初学识卓越的知识分子。有一次刘秀与群臣议事,对桓谭说,我想以"谶决之",怎么样?桓谭想了半天才回答说:"臣不读谶。"刘秀问是什么原因,桓谭"极言谶之非经"。刘秀"大怒"说:"桓谭非圣无法,将下斩之。"桓谭"叩头流血"③乃得免。至今人们还不理解桓谭怎么"非圣无法",这只有法的化身的皇帝才知道。

还有韩歆,跟随刘秀"攻伐有功","封扶阳侯",侯霸死,他接替为大司徒。"好直言,无隐讳",每为刘秀所不容。刘秀曾在朝会上宣读与隗嚣、公孙述的来往信件,借以宣扬自己的才华,韩歆却大

---

① 《后汉书》卷一七《贾复传》,载:"帝方以吏事责三公,故功臣并不用。是时列侯唯高密(邓禹)、固始(李通)、胶东(贾复)三侯与公卿参议国家大事。"第667页。

② 《后汉书》卷四九《仲长统传》,第1657页。

③ 《后汉书》卷二八上《桓谭传》,第961页。

煞风景地说:"亡国之君皆有才,桀纣亦有才。"刘秀大怒,当即削职"归田"。[①] 刘秀犹不解怒,又派人逼韩歆及其子自杀。

另一例,就是历史上著名的"杯酒释兵权"。

陈桥驿兵变,黄袍加身,宋太祖赵匡胤一举登上龙座。赵匡胤本人是靠兵变上台的,当然深知兵权的厉害。石守信、王审琦等人原是赵匡胤的老朋友,后又跟着赵匡胤打天下,屡建战功,现"典禁卫兵",军权掌握在他们手上,是"老朋友",过去平起平坐,如今有君臣之分,心理会不会失去平衡?"屡立战功",会不会居功自傲?"典禁卫兵",军权在手,会不会重演"黄袍加身"?这是赵匡胤很忧虑的事。他与谋臣赵普想到一块了,赵匡胤还一时割不断老朋友的交情,赵普说,不是石守信等人背叛不背叛的问题,而是他们非统御之才,一旦军伍中有人作乱,他们也就身不由己了[②]。赵匡胤有时说:朕待他们厚,岂忍负耶?赵普回答说:"陛下何以能负周世宗?"赵匡胤无言以对,只得"默然"。[③]

赵匡胤借着晚朝的机会,宴请石守信等人,"酒酣",赵匡胤说,我没有你们就不可能达到今天这个地步,然而做天子还不如做节度使舒坦,我几乎每天晚上睡得不安稳。石守信听到这里连忙跪下叩头说,今天下已定,有谁还敢有"异心"。陛下为什么"出此言"呢?赵匡胤说,哪个人不想富贵,哪个人不想坐我这个位置,一旦黄袍加到你们当中谁的身上,虽然不想要,也不行呀!石守信说,臣愚笨没有想这一层,唯有求陛下"哀矜"我们。赵匡胤说,"人生

① 《后汉书》卷二六《侯霸传》,第 902 页。
② 陈邦瞻:《宋史纪事本末》卷二《收兵权》,北京:中华书局,2015 年,第 7 页。
③ 《宋史纪事本末》卷二《收兵权》,第 8 页。

如白驹过隙尔"，不如多积蓄金银，买田宅，留给子孙，让"歌儿舞女"陪伴，"以终天年"。我们"君臣之间无所猜嫌，不亦善乎"。①

张良告诫自己："人生一世间，如白驹过隙。"赵匡胤劝诫臣下："人生如白驹过隙。"君臣之间不是走到一条思路上去了吗？君主为了保护自己的家天下要别人退出名利场，做臣下的看清楚了形势和看空了人生，也愿意退出。由此看来，在这种社会条件下，用"一切皆空"的观点去看待人生总是有的，道家思想总会在儒家、法家留下的空隙中存留着。

总之，不管是急流勇退，还是明哲保身，都是专制主义高压的产物。

---

① 脱脱:《宋史》卷二五〇《石守信传》，北京：中华书局，1985 年，第 8810 页。

# 七  时时小心，处处提防

在专制主义高压下，有的人既不引退，也不招惹杀身之祸，蛇委曲折，如蚯蚓钻洞，是软泥就钻，是硬石就绕，在空隙中活动，在空隙中生存，在空隙中施展才华。

不可否认，武则天是位能干的女皇帝，既是皇帝就有皇帝的阳刚之气，她如其他皇帝一样也视臣下如奴仆，有才能者则用，不合者则罢，有过者则杀。大胆提拔，放肆杀戮，像摆棋子一样轻快。所以，武则天每升一官，宫中的女婢就私下议论说："鬼朴又来矣。"[1]果然不过一个月新官又变新鬼。在这种气氛下当官，怎能不叫人觉得恐怖！武则天手下有一位大臣叫娄师德，他文韬武略，出将入相。在高宗时曾应募之"猛士"[2]，赴边疆服役，可谓有胆量，到了武则天当皇帝时他晋升为相，反而变得胆小了。他的弟弟被

---

[1] 司马光：《资治通鉴》卷二〇五，则天后长寿元年，胡三省音注，北京：中华书局，1956年，第6485页。

[2] 刘昫：《旧唐书》卷九三《娄师德传》，北京：中华书局，1975年，第2975页。

任为代州刺史,娄师德临别赠言说,我已是宰相了,你又做了州牧,"荣宠过盛",这是为人所妒忌的,怎么可以"自免"? 他弟弟跪在地下回答说:自今后虽然有人唾我面,我"拭之而已",哥哥不必为我担忧。娄师德严肃地说,这正是我所以担忧的! 人唾你的面,是因为恨你,你当面拭之,不是拂人意吗? 不是更加激怒他吗?"夫唾,不拭自干,当笑而受之。"①

有一次性格谦缓的娄师德与骄躁的李德昭要一同"入朝",娄师德"体肥行缓",李德昭"屡待之不至","怒骂"娄师德为"田舍夫",娄师德笑着说,我娄师德不做"田舍夫"②,哪个做! 对待大臣尚且如此,可以想见他是怎样处理与皇帝的关系了,《旧唐书》评论说,娄师德之所以得以善终,就是因为他"虽参知政事,深怀畏避"③。

怕有各种,以上姑且叫作娄师德的怕吧!

西汉,自武帝之后,在皇位继承问题上险象环生,这是西汉后期的最尖锐最敏感的问题,有的人对这个问题怕沾一点点边。杨敞,是大司马霍光的亲信,先做霍光幕府军司马,后霍光提拔他为大司农,霍光之所以"爱厚",可能就是看中了他胆小,不会做危及他的事。在昭帝时,有人将"上官桀等反谋"事,告诉杨敞,凭着他与霍光的亲近关系,他应该报告霍光。但由于他"畏事","不敢言",故装病回避,昭帝死,迎昌邑王即位,后霍光以昌邑王"淫乱",决定废昌邑王,并派田延年告知杨敞,杨敞得知"惊惧,不知所言,

---

① 《资治通鉴》卷二〇五,则天后长寿二年,第6489页。
② 《资治通鉴》卷二〇五,则天后长寿二年,第6489页。
③ 《旧唐书》卷九三《娄师德传》,第2976页。

汗出洽背，徒唯唯而已"①。一个多月后即死，大概是吓死的。

如果说娄师德的怕是软弱的怕，那么杨敞的怕则是懦夫的怕，更加窝囊。

在这里，我们不得不提及陈平这个历史人物。

刘邦得天下，陈平功多，史书称他"凡六出奇计"：第一，他"多以金纵反间于楚军"，使项羽不信武将钟离眜、谋士范增；第二，韩信求封齐王，"陈平蹑汉王"，劝阻刘邦的"怒骂"；第三，闻"楚王韩信反"向刘邦献"游云梦"之策；第四，平城围困，陈平疏通阏氏以解围；第五，平陈豨反，以计从；第六，平黥布反，又以计从。所以刘邦说："吾用先生谋计，战胜克敌，非功而何？"只是奇计"颇秘，世莫能闻也"。② 以致今天我们不知其详。

陈平自己也说："我多阴谋。"③刘邦在世时，他辅佐刘邦用以对付项羽、韩信、陈豨、黥布等人，刘邦去世后，就用来为自己排除险情了。

刘邦刚带兵平定黥布回长安，燕王卢绾又反，刘邦派樊哙带兵平卢绾，樊哙刚刚走，就有人告发樊哙，年老多病的刘邦大怒说，看见我病，就希望我死。刘邦用陈平的计，召周勃与陈平一起在床前"受诏"，刘邦吩咐说，"陈平亟驰传载勃代哙将"，令陈平到了军中"即斩哙头"。在途中，陈平与周勃商量说，樊哙是皇帝的"故人"，又是吕后的妹夫，"有亲且贵"，现在皇帝在气愤中下令，万一"后悔"了呢，那就不好办了，不如囚载回长安，由皇帝"自诛之"。陈平

① 《汉书》卷六六《杨敞传》，第2888—2889页。
② 《史记》卷五六《陈丞相世家》，第2055—2058页。
③ 《史记》卷五六《陈丞相世家》，第2062页。

押着樊哙囚车,在返回长安的途中,听到刘邦已死。假如陈平真的按刘邦的吩咐办,岂不是要招来不可挽回的祸殃吗?不过,陈平还有点怕,樊哙被夺兵权被囚能不恼怒吗?何况他背后还有吕后和吕后的妹妹吕媭呢。为此,陈平提前赶到长安。

就在这个时候,吕后使"使者诏"陈平与灌婴驻军于荥阳,陈平此时要不要不见吕后马上"受诏"去荥阳?这着棋走对走错关系重大。而陈平"立复驰至宫",在吕后面前痛哭,诉说受刘邦诏,逮捕樊哙事的原委,以释"谗怒"。好在樊哙没有杀,好在陈平赶在别人进谗之前,所以吕后当时未发作,只对他说,你辛苦了,休息去吧!陈平仍感到事情还未过去,为此他一再请求不去荥阳,要"宿卫中",吕后任他为"郎中令","傅教孝惠"①。这样才使"吕媭谗""不得行"。

这件事有四个环节:(1)军中杀不杀樊哙;(2)闻刘邦死,要不要提前赶回长安;(3)要不要立即进宫向吕后释谗;(4)要不要请求留宿卫中。这四个环节都埋藏着祸害,陈平稍有差池,对任何一个环节处理不当,都会遭杀身灭族之祸。多险呀!唯有陈平才这样小心、细心,在小心细心中施展着智谋,在险象环生中脱祸。

陈平脱离了险境又进入了险境。刘邦死后,吕后偏向娘家违背丈夫的盟约,要立诸吕为王,问王陵,王陵照实回答,违高祖约,不可。问陈平,陈平回答说:"高帝定天下,王子弟;今太后称制,欲王昆弟诸吕,无所不可。"②出了宫廷,王陵责问陈平说:"阿意背约,何面目见高帝于地下?"陈平回答说,"于今面折廷争,臣不如

---

① 《史记》卷五六《陈丞相世家》,第2058—2059页。
② 《汉书》卷四〇《陈平传》,第2047页。

君"，但安定天下局势，稳住刘家天下，"君亦不如臣"。① 吕后对王
陵来个明升暗降，升他为惠帝太傅，夺了他的右丞相权，由陈平代
替。王陵发闷气，杜门不出，十年后死。陈平仍然知道，吕后对他
的防备并未解除，陈平虽然居相位并不瞎忙乎，"日饮醇酒，戏妇
女"。要抓陈平辫子的人，到吕后那里去告陈平的状，"吕太后闻
之，私独喜"。吕后反而要主动解除陈平的思想顾虑。当着吕媭的
面对陈平说：鄙语曰"儿妇人口不可用"②，你看我对君怎么样，不
必顾虑吕媭之谗。历史验证了，稳住刘家天下的是陈平，是陈平联
合武将周勃所起的作用。

　　从道德上讲，陈平一贯玩弄权术，而且还讲假话、讲违心的话。
从历史作用上讲，辅佐刘邦战胜项羽定天下，他的作用不亚于韩
信、张良、萧何、周勃等；他与吕后周旋，安刘家天下则是众多老臣
宿将所不能做到的，或者所不及的。有的身亡过早，有的暴露过
早，有的勇敢有余而智谋不足，唯独有陈平担此重任。陈平不玩弄
时时小心、处处提防的权术，躲过种种暗礁，也就没有与吕后周旋、
击败诸吕的陈平了。这就是通常所说的道德的评价与历史的评价
的二律背反。可以断言，在专制主义统治下，这种离奇的背反是不
会绝迹的。

　　大凡新王朝统治地位稳固之后，有功的老臣们都应该时时小
心，处处提防。其中尤其是武将，在专制主义统治下这是一个带普
遍性的问题。

---

① 《史记》卷九《吕太后本纪》，第 400 页。
② 《史记》卷五六《陈丞相世家》，第 2060 页。

　　唐初,李靖、李勣二位名将,赫赫战功,李世民即位,始终将一双警惕的眼睛盯着他们。他们俩也感觉这一双眼睛,如芒在背,时刻不忘。如李靖平时装着大智若愚的样子,不多讲话,"每与时宰参议,恂恂然似不能言"。当到战争基本告以结束时,他就"以足疾上表"求退,这正合李世民的胃口,所以李世民称赞他说,"朕观自古以来,身居富贵,能知止足者甚少","朕今""成公雅志",使"公为一代楷模"。① 也就是暗示唐初的老臣们要向李靖学习。因此,李靖得以善终。

　　李世民很欣赏李勣的才智,有心想让他辅佐将来的高宗,但是又不放心,所以李世民对太子李治说,李勣才智有余,然而你对他"无恩",恐怕你不能"怀服"他。我今"黜之",让他"以同中书门下三品"的身份去做边地叠州都督,他"若徘徊顾望,当杀之耳";他若"即行",等我死后,你取用他为宰相,加以重用。这埋伏着多么险恶的杀机。李勣摸准了李世民的意图,"受诏,不至家而去"。有人评论说:"太宗以机数御李世勣(李勣),世勣亦以机心而事君。"② 好在李世勣用了这个"机心",不然,他早被砍杀了,哪还有后来的善终呢?

　　李世民手下还有猛将尉迟敬德,出身草莽,性格粗鲁,居功自傲,每见大臣长孙无忌、房玄龄、杜如晦等,短长"必面折廷辩",致使与当朝者不协调。有一次,他与任城王李道宗争功,"拳殴道宗目,几至眇"。此时,李世民对尉迟敬德说,我曾读汉史,见汉高祖的"功臣获全者少",心中很不快,到了我做了皇帝,"常欲保全功

----

① 《旧唐书》卷六七《李靖传》,第 2480 页。
② 《资治通鉴》卷一九九,太宗贞观二十三年,第 6267 页。

臣，令子孙无绝"。然而，看到你动辄"犯宪法"，才知道韩信、彭越被杀，不完全是汉高祖的过错。尉迟敬德听了皇上这半训斥半警告的话，清醒了、收敛了。叱咤风云的尉迟敬德晚年转为"笃信仙方，飞炼金石，服食云母粉，穿筑池台，崇饰罗绮，常奏清商乐以自奉养，不与外人交通"①。故得以避祸。

　　明太祖朱元璋废除相位，加强皇权，更加专制，设有锦衣卫暗中监视大臣。据说，国子祭酒宋讷有一天独坐生气，面有怒容，第二天，上朝时，朱元璋问他昨天生什么气，宋讷大吃一惊，只得照实说。朱元璋还叫人把暗中给他画的像拿出来看。这种阴森恐怖的气氛，使得包括李善长在内的大臣都日夜提心吊胆，连咳嗽都怕墙外有人。在这种气氛笼罩下叫人怎么不时时小心、处处提防呢？

　　徐达是朱元璋手下头号大将，相当于刘邦手下的韩信，但是，徐达比韩信才智更高，他"言简虑精"，"延礼儒生，谈议终日，雍雍如也"，但在朱元璋面前却"恭谨如不能言"，朱元璋不放心，对他做过试探：一天，朱元璋到徐达官邸，故意将徐达灌醉，蒙上被子，抬到"正寝"去睡觉，徐达醒来，在惊恐中匆匆忙忙"下阶"，"俯伏呼死罪"。② 朱元璋见此状，心中高兴。要是徐达丧失了这个警觉，那岂不是大难临头吗？

　　汤和也是朱元璋重要将领之一，朱元璋到了晚年，和其他皇帝一样，考虑到他的身后事，"意不欲诸将久典兵"，在徐达、朱文忠死后，朱元璋最要防备的就是汤和，而汤和也揣摩到朱元璋的心事，于是汤和找空从容地向朱元璋说，臣年龄大了，不能胜任"驱策"，

---

① 《旧唐书》卷六八《尉迟敬德传》，第 2549—2500 页。
② 张廷玉：《明史》卷一二五《徐达传》，北京：中华书局，1974 年，第 3730 页。

"愿得归故乡"为墓穴,以待埋葬骸骨。朱元璋听了非常高兴,"当时公、侯诸宿将坐奸党"①先后伏法,唯独汤和得以幸免,这完全是用自己的小心提防换来的。

众所周知,雍正上台,是得力于隆科多和年羹尧的,雍正力报之以厚,使这两位功臣所得的荣誉盖过所有的大臣,可是曾几何时,功臣变成罪人,雍正在整治这俩人时曾表白说:"朕御极之初,隆科多、年羹尧皆寄以心腹,毫无猜防,孰知朕视为一德,彼竟有二心。"②说得多漂亮,其实应从反面读;隆科多、年羹尧对雍正"视为一德",雍正"竟有二心"。其间原因,就是因为在雍正夺位时,他们两位陷得太深,知道得太多,事成后又不避嫌引退。为皇帝策划和参与干见不得人的事,事成又享其利,皇帝恐其泄者,身危。隆科多、年羹尧属于此类。年羹尧"幕客"汪景祺借此大发议论说:"功高不赏,挟震主之威,不能善自韬晦,故鲜有以功名终者。"③

在专制主义统治下,不论是非功过如何,不得放胆做人(不管好人、歹人都不得明明白白地做),要小心火烛。而且愈是处高位者愈要小心,不然的话,为什么岑文本拜相,对来贺者说:"今受吊,不受贺也。"④

---

① 《明史》卷一二六《汤和传》,第 3754—3755 页。
② 赵尔巽:《清史稿》卷二九五《年羹尧传》,北京:中华书局,1977 年,第 10354 页。
③ 汪景祺:《读书堂西征随笔》,上海:上海书店出版社,1984 年,第 106 页。
④ 《旧唐书》卷七〇《岑文本传》,第 2538 页。

# 八　做"良臣"，不做"忠臣"

　　任何最高掌权者，都应是本阶级意志的集中代表。怎么集中呢？有的实行民主制，有的实行专制。民主制当然理想，但是，当主客观条件不具备，民主不仅不能建立一种秩序，而且还要带来无穷尽的混乱，在这时，与其要民主的混乱，不如要专制的秩序，于是定于一尊的思想和制度就产生了。

　　中国自秦王朝开始建立了封建专制主义的皇帝独裁制，自此延续了2000多年。皇帝独裁是否意味着一切都由皇帝一人自说自话，不听取任何人的意见，不与任何人谋划呢？当然不是。所谓皇帝独裁，是指最后决策权属于皇帝个人，而且没有法律的制约和执行制约权的机构。韩非是主张君主独裁的，但是，为了更好地行使这种独裁权，他也主张君主必须"以国视为视""以国听为听"。

　　在信息不发达的社会，信息渠道极其狭窄，统治阶级高度重视君主之间的纳谏和进谏，将此作为获得信息的唯一正当的渠道，作为独裁的基础。有人问,这种纳谏和进谏算不算民主? 这里含有民主的因素,因为封建阶级的意志可以通过这种形式表达,并借以左右皇帝最后的决断;但是,这远非民主制,因为这种议政的方式没有法律约束力和法律的保障,皇帝可以听也可以不听,臣子可以进谏,也可以不进谏,皇帝可以凭自己情感的好恶以言治罪,杀戮忠言者。

没有民主的皇帝的决断,总是要偏离阶级意志和利益的,历史上有些皇帝就是因此而遭到唾骂。地主阶级为了避免阶级利益受损太大,总是竭力提倡君臣之间的纳谏和进谏,以纳谏和进谏作为专制独裁的补充。大凡在专制主义独裁统治有传统的国度里,提倡纳谏和进谏之风就特别盛,因为纳谏和进谏是专制主义独裁制的派生物。纳谏者谁,皇帝;向谁进谏,皇帝。皇帝,不会因纳谏和进谏而丧失了主宰者的地位,相反的是因此而得到加强。君纳谏最难,臣进谏最险,因此,韩非称进谏为批"逆鳞"。唐太宗李世民在纳谏方面做了极大努力,鼓励他的大臣批"逆鳞",他的大臣魏征等确实也表现出了批"逆鳞"的胆识。

唐太宗李世民既英勇善战,又颇通文史,留心于盛衰兴亡的经验,特别是以亡隋为鉴,他曾说:"朕每临朝,欲发一言,未尝不三思,恐为民害,是以不多言。"①李世民未必完全照着说的做,但是,他在相当长的时间保持了这种谨慎为政的意识,这就促使李世民要求自己不要犯或少犯自己所认为的错误。

避免犯错误的主要办法,一是重视健全三省制。李世民曾对

①《资治通鉴》卷一九二,太宗贞观二年,第 6054 页。

黄门侍郎王珪说，设置中书、门下两省是为了相互"检察"，中书起草诏敕"或有差失"，门下应当"驳正"。各人见解"互有不同"，反复磋商，是为了"务求至当"。① 后来，发现执行中书、门下相互"检察"有流于形式的弊病，他批评说，中书省，门下省是机要部门，诏敕有不妥当处，都应讨论，近来只看到照办"顺从"，听不到不同意见。假如是这样"行文书"②，谁都可以做，何必挑选人才来干呢？

二是重视纳谏和进谏，在这方面唐太宗李世民，经常以隋文帝杨坚、隋炀帝杨广为鉴，他说："人欲自见其形，必资明镜，君欲自知其过，必待忠臣。"隋炀帝"愎谏自贤"，虞世基等"阿谀顺旨"，结果隋炀被弑、虞世基等身亡，"诏事炀帝以保富贵"③的群臣的目的也落空了。又说，不能像对隋炀帝那样，"顺一人之颜情，为兆民之深患，此乃亡国之政也"④。唐太宗李世民认为隋文帝杨坚"事皆自决，不任群臣"，"不明而喜察"，也不足取。他说，天下那么大，皇帝日理万机，即使"劳神苦形"也不会事事处理得好。何况，"不明则照有不通，喜察则多疑于物"。皇帝不信任群臣，群臣一切都按旨意办，即使皇帝的主张错了，也"莫敢谏争"。⑤ 这就是隋二世而亡的原因。杨坚杨广父子的共同缺憾就是不重视纳谏和进谏，李世民要汲取这个教训。

---

① 《资治通鉴》卷一九二，太宗贞观元年，三省即尚书（执行）、中书（决策）、门下（审议），第6041页。
② 《资治通鉴》卷一九三，太宗贞观三年，第6064页。
③ 《资治通鉴》卷一九二，太宗贞观元年，第6040页。
④ 《资治通鉴》卷一九二，太宗贞观元年，第6041页。
⑤ 《资治通鉴》卷一九三，太宗贞观四年，第6080页。

　　从历史记载看来,魏征等人确实敢于对李世民提出不同的意见,而李世民也接纳了一些不同意见,有时君臣之间几乎是当面辩驳和顶撞,如,吏部尚书长孙无忌曾"不解佩刀入东上阁",触刑,尚书右仆射封德彝"以监门校尉不觉,罪当死;无忌误带入,罚铜二十斤"。李世民同意此判。而大理少卿戴胄反驳说:"校尉不觉与无忌带入,同为误耳。"为什么一个处以死刑,一个罚铜呢? 李世民只得说:"法者,非朕一人之法,乃天下之法也。何得以无忌国之亲戚,便欲阿之?"①在戴胄的坚持下,校尉得以免死。又如李世民曾得一"佳鹞",放在臂上耍,突然见到魏征来了,来不及躲藏,就"匿怀中",魏征装作没有看见,"奏事"久留不走,"鹞竟死怀中"。② 从皇帝嘴里说出"法者,非朕一人之法,乃天下之法也"。多么难得! 皇帝畏避自己的大臣,如此约束自己的行为,真是罕见!

　　这两个小小的例子意义不大,但说明唐太宗李世民确实是封建帝王中的佼佼者。

　　魏征"犯颜苦谏",有时激怒了李世民;而他自己却仍然神态自若,面不改色;有时李世民不听他劝谏,他就不应李世民的话。为此,李世民曾问他,朕与卿说话,为什么"不应"? 魏征说,臣以为不可做的事,才谏,陛下不从,而臣应声了,不是事情还要做下去了吗? 李世民说,先应了然后再谏,有什么关系呢? 魏征说,臣不敢口是心非地"面从"③。

---

① 《旧唐书》卷七〇《戴胄传》,第 2532 页。
② 《资治通鉴》卷一九三,太宗贞观二年,第 6059 页。
③ 《资治通鉴》卷一九四,太宗贞观六年,第 6210 页。

　　有一次房玄龄等路遇少府少监窦德素，顺便问近来北门在搞什么建筑，窦德素将此事报告给李世民。于是，李世民怒责房玄龄等说，卿只管料理南牙政事，北门小的"营缮"，干君何事！房玄龄等当即"拜谢"。而魏征却说：臣不知陛下为什么要责备房玄龄等，而房玄龄等又为什么要谢？房玄龄等是"陛下股肱耳目"，对于里外的事哪有不应知道的？做得对的，"当助陛下成之"；做得不对的，"当请陛下罢之"。房玄龄向有关人询问情况，是理所当然的。结尾，魏征还加重语气强调地说："不知何罪而责，亦何罪而谢也！"问得李世民"甚愧之"①。魏征的胆识要高出房玄龄等一筹，这不仅表现在上面所提到的那件事情上，在其他方面也多有表露。

　　李世民曾经要长孙无忌等人当面指出他的缺点，长孙无忌不但没有提缺点，而且借机吹捧说，陛下的"武功文德"，超过了前人，后来的人也没有赶得上的，陛下"发号施令"，无往而不胜，臣顺从陛下的旨意都来不及，哪还看到陛下的缺点和过失呢？李世民听后说，朕是希望听到缺点，而公却乱说一通阿谀取悦的话。李世民说，长孙无忌的特点就是"善避嫌疑"②。这既是褒，也是贬，或说褒中有贬，相比之下，魏征可谓铮铮者，难怪《旧唐书》说，唐代的"诤臣"唯魏征"一人而已"③。

　　唐太宗李世民的纳谏和魏征的进谏，虽然历来被誉为封建君臣不可企及的高度，但是，他们都没有超越他们所处的时代，没有

---

① 《资治通鉴》卷一九六，太宗贞观十五年，第 6173 页。
② 《旧唐书》卷六五《长孙无忌传》，第 2453 页。
③ 《旧唐书》卷七一《魏征传》，第 2563 页。

超越专制主义制度。

首先，无论魏征怎么"抗直"，"无所屈挠"，他也要注意掌握好君尊臣卑这个分寸。如魏征向李世民解释他为什么不能"面从"，说得多有分寸，他说，古时候舜告诫群臣："尔无面从，退有后言。"若是臣面从陛下而后再谏，岂不是"退有后言"了吗？这哪里是辅佐尧、舜？刘洎也算是"敢言"的大臣，但不能掌握分寸，没有给人以"妩媚"之感。李世民亲自带兵"征辽"，临行前，他嘱咐刘洎说，我现在远征去了，让卿辅佐太子，将重任交给卿了，卿应领会我的意思。刘洎回答说，希望陛下放心，大臣有过失，"臣谨即行诛"。李世民认为他讲话没有分寸，"妄发"，感到惊异，故对刘洎说："君不密则失臣，臣不密则失身，卿性疏而太健，恐以此取败，深宜诫慎，以保终吉。"不久果招祸，被李世民赐"自尽"①。魏征不同于刘洎，之所以能得以善终，就是因为他善于掌握君尊臣卑这个分寸。

其次，魏征像其他封建大臣一样，不可能有安全感，他也不能从专制主义统治的阵地上寻找安全岛。曾有人告魏征"阿党亲戚"，御史大夫温彦博经过调查，宣布无此事，但温彦博建议责魏征"须存形迹，远避嫌疑"。李世民派温彦博执行，改日，魏征"入奏"说，"不存公道，唯事形迹"。若君臣之间都照这样办，那还有什么"君臣协契，义同一体"呢？如此国家的兴衰也未可知，魏征又说："愿陛下使臣为良臣，勿使臣为忠臣。"什么叫"良臣"与"忠臣"？魏征解释说："良臣，稷、契、咎陶是也。忠臣，龙逄、比干是也。良臣使身获美名，君受显号，子孙传世，福禄无疆。忠臣身受诛夷，君

---

① 《旧唐书》卷七四《刘洎传》，第 2611—2612 页。

陷大恶,家国并丧,空有其名。"①魏征是做良臣还是做忠臣,最后的
决定权是在李世民手中,是决定于李世民怎么行使他手中的生杀
予夺之权。皇帝是"喜怒无常"、不可摸捉的,魏征应深知之,他经
常伴随在皇帝身边,他对自己的命运也无以把握,出于此,他才讲
这番话的。从总体上讲,李世民是比较理智的一位皇帝,但是,他
的情感也在变化,而且有时出现情感失控的情况。

魏征曾指出李世民在纳谏方面的情感的变化,他在贞观十二
年说,陛下在贞观之初,"恐人不谏",常诱导和启发人进谏,闻谏则
喜;今天则不同,对臣下进谏,虽勉强从,犹面有"难色"②(在这之
后,李世民的情感还在变异)。李世民对魏征的情感也有波动起
伏,有次李世民"罢朝"回内宫,大发雷霆地说:"会须杀此田舍翁。"
皇后问皇上讲谁,李世民说:"魏征每廷辱我。"皇后劝说:"妾闻主
明臣直,今魏征直,由陛下之明故也。"③皇后也有劝君的窍门,先肯
定"明君"才肯定"臣直",或者说肯定"臣直"是为了肯定"明君"。
皇后这番话说得李世民乐滋滋,怒气消了。

李世民晚年也犯了疑心病。太子右庶子杜正伦"以罪黜",侯
君集以"犯逆伏诛",④更加使他犯疑。他曾说,为人主的只有一颗
心,而攻他的人却"甚众"。"或以勇力,或以辩口,或以诌谀,或以
奸诈,或以嗜欲",从四方八面"攻之"。只要懈怠,"而受其一",就

---

① 《旧唐书》卷七一《魏征传》,第 2547—2548 页。
② 《资治通鉴》卷一九五,太宗贞观十二年,第 6138 页。
③ 《资治通鉴》卷一九四,太宗贞观六年,第 6096 页。
④ 《旧唐书》卷七一《魏征传》,第 2562 页。

招来"危亡"，①这就是做人主的难处呀。魏征死时，李世民十分悲痛，亲自为之撰碑文书写碑刻，并说："人以铜为镜，可以正衣冠，以古为镜，可以见兴替，以人为镜，可以知得失。魏征没，朕亡一镜矣！"②后来李世民得知魏征将"自录前后谏诤言辞往复以示史官起居郎褚遂良"③的事，又联系到杜正伦、侯君集的过失和叛逆，就怀疑魏征了。于是，下诏停止公主下嫁魏家，并且"仆所为碑"④。假如魏征迟死几年，他做不了"良臣"，而要在九泉之下做"忠臣"去了。

人云："武战死，文谏死。"就是说臣子要向皇帝犯颜直谏就要做好死的准备。

明朝到了嘉靖晚年已日益衰落，呈现出各种腐败现象，当时朝廷又弥漫着"无敢言时政"的气氛。任户部主事的海瑞面对这"万马齐喑"的局面，实在耐不住了，他向嘉靖上了措词激烈的疏文。他说，今日天下是"吏贪官横，民不聊生，水旱无时，盗贼滋炽"，而皇帝还昏昏然做太平盛世的梦，这是因为"天下之人不直陛下久矣"。皇帝用人"必欲其唯言莫违"，于是，"陛下误举之，而诸臣误顺之，无一人肯为陛下正言者，谀之甚也"。所以，皇帝要担负起治理天下的重任，"惟以责寄臣工，使尽言而已"。⑤海瑞在疏中大声疾呼："洗数十年之积误"，"洗数十年阿君之耻"。

① 《资治通鉴》卷一九六，太宗贞观十七年，第 6185 页。
② 《资治通鉴》卷一九六，太宗贞观十七年，第 6184 页。
③ 《旧唐书》卷七一《魏征传》，第 2562 页。
④ 欧阳修、宋祁：《新唐书》卷九七《魏征传》，北京：中华书局，1975 年，第 3881 页。
⑤ 《明史》卷二二六《海瑞传》，第 5928 页。

　　嘉靖皇帝看了疏大怒，将疏甩在地下，对左右说，快去捉拿此人，不让他逃掉了，侍立在旁的宦官黄锦说，海瑞这个人"素有痴名"，听说他在上疏时，就知道他会"触忤当死"，他已"市一棺，诀妻子，待罪于朝"①了。不是逃跑，而是准备死。

　　魏征是争取做"良臣"不做"忠臣"，海瑞是要做诤臣，也就准备做"忠臣"。这都说明在专制主义统治下向皇帝进谏要冒杀身灭族的风险。臣子的生命本来就操在皇帝手里，是死是活全凭皇帝一句话，丝毫无法律保障，以无法律保障的生命去冒杀身灭族的风险，岂不是险上加险。难怪海瑞抬着棺材去谏嘉靖皇帝，难怪魏征有他的隐忧。

--------

① 《明史》卷二二六《海瑞传》，第 5930 页。

# 九　苦心支撑，力避嫌猜

"疾风知劲草，板荡识诚臣。"每当封建王朝末期，大厦将倾，总有那么几个人出来苦苦支撑着。苦就苦在不仅要挡明枪，而且要躲暗箭。

安史之乱，唐玄宗被赶出长安，拥军西逃，行至马嵬驿发生兵变，杨贵妃、杨国忠被杀，玄宗引咎让位于太子李亨，自己"入蜀"而去。太子李亨在灵武即位，称肃宗。肃宗即位后，即派人"物色求访"①"潜遁名山"②的李泌，而李泌得知肃宗即位，不待"求访"，自己主动地前来归附。

李泌，"幼以才敏著闻"③，玄宗尝召入宫，要张说"试其能"，张说说："方若棋局，圆若棋子，动若棋生，静若棋死。"李泌即回答说：

---

① 《新唐书》卷一三九《李泌传》，第4632页。
② 《旧唐书》卷一三〇《李泌传》，第3621页；《资治通鉴》载："居颍阳。"第7104页。
③ 《资治通鉴》卷二一八，肃宗至德元年，第6985页。

"方若行义,圆若用智,动若聘才,静若得意。"①玄宗赏识其才,使他与太子游。及长,玄宗"欲官之",他不受,宁可"与太子为布衣交",太子李亨仰慕他的才识,常称他为"先生",李泌知识奇特,儒、佛、道无所不晓,"操尚不羁,耻随常格仕进"。②

肃宗重见李泌,"大喜",像做太子时一样地对待他。"出则联峦,寝则对榻","事无大小皆咨之,言无不从",甚至"进退将相"③都要与他商议。肃宗意欲任他为相,他"固辞",故任他为广平王李俶(即继位的代宗)军司马,肃宗经常对李泌说,卿在老皇上天宝年间,"为朕师友",现在又任广平王军司马,"朕父子三人"④都仰仗卿的智慧。他与广平王俶,双双出入禁军元帅府,"四方奏报",悉送李泌"先开视","禁门钥契"⑤,悉委李泌与广平王李俶一同掌握。实际上,后来德宗也重用过李泌,要说三代人应是肃宗、代宗、德宗,加上玄宗才是四代。在整个中国封建社会历史上,李泌算是一位前无古人后无来者的奇人。第一,他接连辅佐三代皇帝,信任不衰!第二,几度享有宰相之权,而不在宰相之位;第三,二度出任于危艰之时,多次隐退于危艰之后。

肃宗从他父亲那里接过来的是一副混乱不堪的烂摊子。长安与洛阳尚未恢复,龙庭总不能长期偏寓西北,成德、魏博、卢龙等河北诸镇还为安史余部所占据。肃宗任用迂阔不知兵的御史大夫房

---

① 《新唐书》卷一三九《李泌传》,第 4632 页。
② 《旧唐书》卷一三〇《李泌传》,第 3621 页。
③ 《资治通鉴》卷二一八,肃宗至德元年,第 6985 页。
④ 《旧唐书》卷一三〇《李泌传》,第 3621 页。
⑤ 《资治通鉴》卷二一八,肃宗至德元年,第 6997 页。

珀领兵,急于收复长安和洛阳两京。战争进行得很不顺利,肃宗问
李泌:"今敌强如此,何时可定?"李泌主张,派兵直捣范阳,"覆其巢
穴",使得安史势力,"留则不获安","退则无所归","然后大军四
合而攻之,必成擒矣"。① 这是战略性很高的主张,肃宗听了非常高
兴,但是,一向对李泌言听计从的肃宗,这次并没有推行。

俟两京收复、肃室还都长安后,李泌对肃宗说,臣对君已报知
遇之恩,"足矣",再当"闲人",何等快乐!肃宗说,朕与先生多年同
"忧患","今方相同娱乐",奈何突然"欲去"呢?李泌回答说,"臣
有五不可留",希望陛下"听臣去",这等于是"免臣于死"。肃宗
说:这是什么意思?李泌说:"臣遇陛下太早,陛下任臣太重,宠臣
太深,臣功太高,迹太奇,此其所以不可留也。"肃宗说,现在暂且睡
觉,改日再议。李泌说,今天臣就榻于陛下犹不准臣请求,改日再
上朝,更不能获准。"陛下不听臣去,是杀臣也",说到这里,肃宗有
点动火气地说:想不到卿不信任朕到了如此地步,朕怎么会"办杀
卿"呢?这是将朕看作勾践了!李泌说,陛下没有"办杀臣",所以
臣得以"求归",若是办杀了,臣还能在这里讲话?而且"杀臣者,非
陛下也,乃'五不可'也"。②

李泌为什么说肃宗不让他去就是杀他呢?这是因为肃宗身边
有忌恨他的人,即李辅国和张良娣。李辅国以宦官"侍太子扈从",
得宠于肃宗,委以"专掌禁兵,赐内宅居止",③他"外恭谨寡言而内
狡险"。张良娣在逃出长安途中得幸于唐肃宗。因此,李辅国与张

① 《资治通鉴》卷二一九,肃宗至德元年,第 7008—7009 页。
② 《资治通鉴》卷二二〇,肃宗至德二年,第 7035—7036 页。
③ 《旧唐书》卷一八四《李辅国传》,第 4759—4760 页。

良娣"阴附会之，与相表里"①。广平王李俶的弟弟建宁王李倓，很注意处理好与作为皇位继承人的广平王李俶的关系。李泌与他们兄弟俩关系均好，注意协调他们兄弟父子的关系。李倓为人坦诚外露，他对李辅国与张良娣"阴附"忌恨李泌很是气愤，他曾对李泌说："请为先生除害。"②被李泌劝阻。李倓又曾在肃宗面前"诋讦二人（即李辅国与张良娣）罪恶"。李辅国和张良娣对李倓实行报复，诬告他要"谋害广平王"。肃宗一怒之下赐死李倓。这件事使得李泌和李俶都很紧张。李俶想要除掉李辅国和张良娣，李泌说："不可"，王不见建宁王李倓的祸灾吗？李泌这话的弦外之音就是碍父皇肃宗在，不好办。李俶说：担忧先生的安全。李泌说，泌与主上早已有约，"俟平京师，则去还山，庶免于患"③。

讲到这里，我们就知道了李泌为什么要坚决引退还山，他为什么说，"杀臣者，非陛下也，乃'五不可'也"。到那时，李泌把握不了肃宗，肃宗自己也把握不了自己，而全为李辅国与张良娣所左右。李泌临走时对肃宗说，陛下往日待臣如此之厚，有些事臣不敢对陛下讲，肃宗想了好久问道：是不是指朕没有同意卿的主张进行北伐？李泌回答说，不是的，是建宁王被害的事。李泌向肃宗辩白说，建宁王要加害太子是"出谗人之口"。昔日陛下"欲用建宁为元帅，臣请用广平"。若建宁王有忌恨太子之心，"当深憾于臣"，相反，"以臣为忠，益相亲善"④。事情的经过李泌都清楚，但是李泌

---

① 《资治通鉴》卷二一九，肃宗至德二年，第7013页。
② 《资治通鉴》卷二一九，肃宗至德元年，第7009页。
③ 《资治通鉴》卷二一九，肃宗至德二年，第7013页。
④ 《资治通鉴》卷二二〇，肃宗至德二年，第7036—7037页。

不能讲，也救不了受冤的建宁王。太子李俶曾对李泌说，"先生去"，我更危险。李泌说，王只要对皇上"尽人子之孝"，张良娣不过一"妇人"，"委曲顺之"，①好对付。李泌暗示李俶关键还在父皇身上。

李泌去后，肃宗立张良娣为皇后，更加倚重李辅国，"加开府仪同三司，进封郕国公"，"拜兵部尚书"。以后，张良娣与李辅国因争权而矛盾激化，趁肃宗垂危之际，张良娣谋诛李辅国，因事不密，被李辅国联合另一宦官鱼朝恩先除。代宗即位，李辅国被"盗杀"②。因此，李泌应代宗召，还朝，"赐光福里第，疆诏食肉"③，娶亲。鱼朝恩继李辅国之后以宦官身份"专典神策军，出入禁中"④。元载因与李辅国善，肃宗、代宗相继任为宰相。李辅国死，元载与鱼朝恩不协。鱼朝恩被除后，代宗对元载"宠任益厚"，元载则"志气骄溢"。⑤ 因为代宗与李泌关系亲密，元载为了专权，对代宗告讦说，李泌与鱼朝恩"亲善"，应知鱼朝恩的阴谋。代宗为李泌辩解说，过去"军谋大事"李泌"皆预决"，禁军"将校皆其故吏"，所以，"朕使之就见亲故"，"卿勿以为疑"。诛杀鱼朝恩，李泌不是参与"预谋"⑥了吗？但是元载及党羽攻讦不已，代宗只得调李泌离京师，赴江西任判官。元载势力被代宗除，李泌又被召还。代宗对李泌说，

---

① 《资治通鉴》卷二一九，肃宗至德二年，第7013页。
② 《旧唐书》卷一八四《李辅国传》，第4760—4761页。
③ 《新唐书》卷一三九《李泌传》，第4634页。
④ 《旧唐书》卷一八四《鱼朝恩传》，第4763页。
⑤ 《资治通鉴》卷二二四，代宗大历五年，第7213页。
⑥ 《资治通鉴》卷二二四，代宗大历五年，第7215页。

"与卿别八年",不诛元载,不然,朕"几不见卿"。① 元载死后,翰林学士常衮为相,"复为常衮所忌"②,李泌又出为地方官。

自安史之乱后,在安史余部基础上发展起来的藩镇势力不仅没有削弱,而且日益加强,从边镇发展到内地,逼迫着唐王朝日益缩小管辖的地区。如横行同、华地区的小藩镇势力周智光曾狂言道:"此去长安百八十里,智光夜眠不敢舒足,恐踏破长安城,至于挟天子令诸侯,惟周智光能之。"③

德宗为了恢复唐王朝的势力和威严,推行了强硬的削藩政策,招来了冀王朱滔、魏王田悦、赵王王武俊、齐王李纳和淮西节度使李希烈的联合抵抗。唐王朝一无经济力量,二无军队打仗,只得请泾原兵去抵挡靠近长安的淮西势力。泾原五千兵,到达襄阳,必经长安。正是十月寒天,士兵衣着单薄,吃得又差,士兵希望得到朝廷厚赐的愿望落空了。士兵们抱怨说:"吾辈将死于敌,而食且不饱。"④于是,发生了兵变,抢琼林、大盈二库财物,推朱滔的兄弟朱泚为主,朱泚拥兵称帝。德宗"召禁兵以御贼,竟无一人至者"⑤,只得仓皇逃往奉天,朱泚带兵攻奉天,将德宗包围几个月,兵断粮绝。德宗本来寄希望于有军事实力的李怀光,而李怀光却反复狐疑,终于联合朱泚反对朝廷,前后折腾了三年,德宗最后逃到梁州,依靠李晟才收复京师。

---

① 《资治通鉴》卷二二五,代宗大历十三年,第 7253 页。
② 《新唐书》卷一三九《李泌传》,第 4634 页。
③ 《资治通鉴》卷二二四,代宗大历元年,第 7193 页。
④ 《资治通鉴》卷二二八,德宗建中四年,第 7352 页。
⑤ 《资治通鉴》卷二二八,德宗建中四年,第 7353 页。

在这危难的时刻,德宗想到他儿时老师李泌,"急诏征"①。此后,德宗事事顾问李泌,李泌事事为之尽心谋划。他是兴元元年(784)到贞元五年(789)时期德宗统治集团的主要谋划者,协调了统治集团内部关系,挽救颓势,也保全了自己。

韩滉曾任苏州刺史、润州刺史、镇海军节度使等职。在泾原兵变后,"关中多难",韩滉在所管辖的地方"闭关梁,筑石头五城","造楼船战舰三十余艘,以舟师五千人"②扬威武。人多以为韩滉趁德宗在难中"聚兵修石头城,阴蓄异志"。德宗就此问李泌,李泌回答说,韩滉"公忠清俭",自陛下从京师出走,他"贡献不绝"。之所以有"修石头城"的事,是因为他看到"中原板荡",准备迎銮驾渡江,"此乃人臣忠笃之虑,奈何更以为罪乎!"外面"谤毁"那么多,也是因为韩滉"性刚严,不附权贵"的缘故,希望陛下明察,"臣敢保其无他"。德宗说,"外议汹汹,章奏如麻",卿没有听到吗?李泌说,臣是听到了,韩滉的儿子韩皋就是因为这个缘由而不敢回南方省亲。德宗说,韩滉儿子尚且如此畏惧,"卿奈何保之"?李泌说:韩滉的用心,"臣知之至熟"。臣愿"上章"证明韩滉"无他",使朝廷百官都知道。德宗说,朕刚刚起用卿,人不是那么容易保的,"慎勿违众",恐怕会因此连累了卿。后李泌果然"上章",以自己身家性命保韩滉。德宗看了奏章后对李泌说,卿的奏章朕已留下未发,朕知卿与韩滉有旧交情,但是不能不爱护自己的身家性命。李泌说,"臣岂肯私于亲旧以负陛下",而是因为韩滉"实无异心",臣"上

---

① 《资治通鉴》卷二三一,德宗兴元元年,第7441页。
② 《旧唐书》卷一二九《韩滉传》,第3061页。

章"是为了朝廷,顾不得自身。德宗问,怎么是为了朝廷呢?李泌说:今天下遭旱、蝗灾,"关中米斗千钱,仓廪耗竭",而江东丰收。希望陛下早点公开宣布臣章,"以解朝众之惑",亲自召见韩皋命他回去省亲,令韩滉"感激无自疑之心,速运粮储",这不是"为朝廷"①吗?当时京师饥荒异常严重,朝廷连军粮都发不出,"禁军或自脱巾呼于道曰:'拘吾于军而不给粮,吾罪人也!'"②德宗为此非常担忧发生兵变。在这种情况下,李泌这一番话打动了德宗,同意按李泌意见行。韩滉见儿子归来,"感悦流涕,即日,自临水滨发米百万斛"。由于韩滉的带动,其他诸道也"争入贡"③。当韩滉的米运到关中,德宗得知,马上赶到东宫对太子说:"米已至陕,吾父子得生矣。"神策之军得知,"皆呼万岁",宫中人沽酒"为乐"。④

李泌力排众议,坚持自己的符合实际而有策略的主张。所谓众议是属捕风捉影的流言,德宗可以根据流言判韩滉谋叛罪,这就叫流言杀人。当时,德宗要杀韩滉不是那么顺手,即使杀不着韩滉,若是韩滉与朝廷弄翻,会比杀韩滉个人带来更大祸害,北方已经紊乱不堪,南方又闹开了,断绝了朝廷的财源,使得朝廷的日子更加难熬。根据捕风捉影的流言判处一个人的死罪,是独裁皇帝的权力,也是专制统治下经常发生的,李泌知人善断,凭着个人与德宗的关系,以身家性命担保,说服了德宗,真是费尽苦心。

在德宗正式任李泌为宰相时,李泌当着朝臣的面对德宗说,臣

---

① 《资治通鉴》卷二三一,德宗兴元元年,第7447—7448页。
② 《资治通鉴》卷二三二,德宗贞元二年,第7469页。
③ 《资治通鉴》卷二三一,德宗兴元元年,第7449页。
④ 《资治通鉴》卷二三二,德宗贞元二年,第7469页。

今日愿与陛下"为约",不杀功臣李晟、马燧。现在有谗言者,陛下虽然不听,当着李晟、马燧面说清楚,"欲不自疑耳"。万一陛下杀害了他们,朝廷的"宿卫",地方的"方镇","无不愤惋而反仄",那又要大乱了,人主爱护臣下不在于给他多大的官位,而在于"坦然待之"。过去臣在灵武,未有正式官职,而将相皆受臣指画;"陛下以李怀光为太尉而怀光愈惧,遂至于叛。"这都是陛下亲眼所见的例子。"臣愿陛下勿以二臣功大而忌之,二臣勿以位高而自疑,则天下永无事矣。"①

德宗的统治是异常脆弱的,经不起任何风浪,皇帝与功臣之间最易引起风浪,李泌就这样做堵塞和预防工作。还有皇位继承人问题也最容易生是非,李泌对此特别敏感,曾有人向德宗密告李升私自出入郜国大长公主第事,李泌即指出:"此必有欲动摇东宫者。"②事情刚刚萌芽,他就指出,并加以妥善处理,避免祸患。后来,德宗确实想废太子,李泌对德宗说:"自古父子相疑未有不亡国覆家者。"过去建宁王被杀,臣"竟不敢言建宁之冤",深以为憾,因此,臣"固辞官爵,誓不近天子左右",今日为陛下相,又发生了这样的事,"臣老矣,余年不足惜","不敢不尽言"。③ 在李泌的苦谏之下,德宗才放弃了废太子的打算。

李泌回到家中,对子弟说:"吾本不乐富贵,而命与愿违,今累汝曹矣。"④李泌"本不乐富贵",这是真的,在肃宗的儿孙危难之

① 《资治通鉴》卷二三二,德宗贞元三年,第 7490 页。
② 《资治通鉴》卷二三二,德宗贞元三年,第 7491 页。
③ 《资治通鉴》卷二三三,德宗贞元三年,第 7498 页,
④ 《资治通鉴》卷二三三,德宗贞元三年,第 7500 页。

际,帮他们一把,是为了报知遇之恩。谁知李泌陷得太深,最后走不开了,这姑且叫命运的驱使吧!晚年以死谏德宗,李泌以为自己难于幸免。对子弟这番话表达了他心底的凄凉,结果,李泌善终了。这也不是偶然的。

德宗曾将他的几位宰相做比较说,朕好与宰相们争长较短:崔祐甫性褊躁,朕一追问,就应对失错,朕常知其能力低而又爱护短。杨炎论事有不少可取的地方,但"气色粗傲",向其提出不同的看法,就"辄勃然怒",有失"君臣之礼",所以每每见面,"令人忿发",除朕外,其他的人"则不敢复言"。卢杞小心谨慎,凡朕所言无所不从,但无学识,不能与朕往复议论,故经常不能使朕言而尽意,惟卿与"彼三人"不同,朕说得妥当,"卿有喜色";说得不妥当,"常有忧色"。卿虽有时讲"逆耳"的话,也是尽力讲明道理,如何才"理安"?如何才"危乱"?言辞"深切","气色和顺",没有杨炎的"陵傲"。朕反复"问难",卿既不像卢杞那样"理屈"无辞,又不像杨炎那样逞强"好胜",而是尽释朕心中疑难,"不能不从",这就是"朕所以私喜于得卿"①的原因。从而这也就是李泌能善保其身的原因。

《新唐书》评价李泌说:"泌之为人也,异哉!其谋事近忠,其轻去近高,其自全近智,卒而建上宰,近立功立名者。"②可以说李泌是"苦心支撑,力避嫌猜"的典型,他"力避嫌猜"的办法是使皇帝感到他是尊重皇帝的威严的;使皇帝感到他的存在对皇帝有益而没有任何威胁。假如这两点达不到,他就坚决引退。李泌向"以王佐自

① 《资治通鉴》卷二三三,德宗贞元四年,第 7512 页。
② 《新唐书》卷一三九《李泌传》,第 4638 页。

负"，确实有王佐之才，这不仅表现在他善于判断谋划，而且还表现在他善于避嫌猜。在他所处的政治环境中，力避猜嫌占用了他多少精力，无从统计，估计不会少于50%吧！让人的精力无谓地耗费，这是专制统治不可避免的。为了"立功立名"必须付出这份代价。

与李泌同时的还有武将郭子仪，他"以身为天下安危者二十年"，又"富贵寿考，哀荣终始"。[1] 他与李泌同属一个类型，他的典型性不亚于李泌，一文一武辅佐皇帝挽救危局，因为篇幅关系，仅附录《新唐书》卷一三七《郭子仪传》关于郭子仪的评论，以飨读者：

> 子仪事上诚，御下恕，赏罚必信。遭幸臣程元振、鱼朝恩短毁，方时多虞，握兵处外，然诏至，即日就道，无纤介愿望，故谗间不行。破吐蕃灵州，而朝恩使人发其父墓，盗未得，子仪自泾阳来朝，中外惧有变，及入见，帝嚓（同唁）之，即号泣曰："臣久主兵，不能禁士残人之墓，人今发先臣墓，此天谴，非人患也。"朝恩又尝约子仪修具[2]，元载使人告以军容（指鱼朝恩）将不利公。其下衷甲[3]愿从，子仪不听，但以家僮十数往，朝恩曰："何车骑之寡？"告以所闻。朝恩泣曰："非公长者，得无致疑乎？"田承嗣傲很不轨，子仪尝遣使至魏，承嗣西望拜，指其膝谓使者曰："兹膝不屈于人久矣，今为公拜。"李灵耀据

---

[1] 《新唐书》卷一三七《郭子仪传》，第4609页。

[2] 《资治通鉴》卷二二四，代宗大历四年载："郭子仪入朝，鱼朝恩邀之游章敬寺"，第7206页。

[3] 杜预曰：衷甲，谓在衣中。

汴州,公私财赋一皆遏绝,子仪封币道其境,莫敢留,令持兵卫送。麾下宿将数十,皆王侯贵重,子仪颐指进退,若部曲然。幕府六十余人,后皆为将相显官,其取士得才类如此。

# 十　失掉后台的改革者

　　李泌、郭子仪都不是改革派,他们的本领全用在维持局面上。改革派是另一种风貌,他们要向危局挑战,信心百倍地去解决矛盾,而不是回避矛盾。但是,在专制主义统治下,改革派和维持派有一个同样的弱点,都离不开皇帝这个后台。

　　当王安石登上历史舞台时,宋王朝已处于积贫积弱的困境中。恃才傲物的王安石决心以改变这种状况为己任。他确实有足以凭借的才识,在未上台之前,欧阳修、文彦博、司马光、曾巩等无不欣赏、称赞、推崇他。他确实有不怕千难万险的气概。北宋朝廷盛传王安石曾在神宗面前提出这样三句口号:天变不足畏;祖宗不足法;人言不足恤。司马光有意置王安石于社会传统思潮的对立面,以这三句作为一道"策问",对谋求"馆职"的人进行考试,为此,神宗问王安石说:"外人云:'今朝廷以为天变不足畏,人言不足恤,祖宗之法不足守。'昨学士院进试馆职策,专此三事,此是何理? 朝廷亦何尝有此?"王安石没有正面回答有无,而是作了不无新意的解释。他说,陛下"每事唯恐饬民,此即是畏天变"。实际上,王安石确实认为"天变不足畏",他曾说过:"灾异皆天数,非关人事得失所致。"他又说:"陛下询纳人言,无小大,唯言从之,岂是不恤人言?然人言固有不足恤者。苟当义理,则人言何足恤?"至于"祖宗之法不足守",他更是理直气壮地回答说:"则固当如此,且仁宗在位四十年,凡数次修敕;若法一定子孙当世世守之,则祖宗何故屡自变改?"①

王安石这样有胆有识的改革家,在待价而沽,有哪位皇帝敢用他?仁宗庆历七年(1043),王安石作《读诏书》诗曰:"去秋东出汴河梁,已见中州旱势强。日射地穿千里赤,风吹沙度满城黄。近闻急诏收群策,颇说新年又亢阳。贱术纵工难自献,心忧天下独君王。"②在王安石当了十八年地方官之后,于仁宗嘉祐五年(1060)进京任三司度支判官,他认为向皇帝献出他的治国方略时候到了,于是于第二年向仁宗皇帝上万言书,虽然不为暮年的仁宗所赏识,但是,作为改革派的王安石在朝廷内外亮相了。有人预见到王安石将要作为改革派登上政治舞台,开始造谣中伤他。如洛阳城天津桥上惨闻杜鹃声,预示不二年南士为相,"专务变更"③,天下将乱,又有人假托苏洵作《辨奸论》,将王安石不伦不类地比作王衍、卢杞,又牛头不对马嘴地说什么面垢不洗,衣垢不瀚,"囚首丧面而谈诗书","凡事之不近人情者,鲜不为大奸慝"。④ 这预示着王安

---

① 杨钟良:《皇宋通鉴长编纪事本末》卷五九《王安石事迹上》,李之亮点校,哈尔滨:黑龙江人民出版社,2006年,第1047页。
② 转引自詹大和:《王安石年谱三种》,裴汝诚点校,北京:中华书局,1994年,第248页。
③ 转引自《王安石年谱三种》,第360页。
④ 转引自《王安石年谱三种》,第364页。

石登上政治舞台是挟雷带电滚滚来,必然要爆发震撼整个社会的大风暴。

英宗在位四年,正值王安石在江宁结庐守孝,丧期过,神宗即位,天赐良缘,王安石遇到了支持他变法的皇帝。

王安石出众的才学和治理地方的政绩,使他已名噪社会,当时士大夫"恨不识其面"①。神宗在做太子时不仅有所闻知,而且还读过他的《万言书》,欣赏他的才干,"想见其人"②。所以,神宗即位第二年,授王安石翰林学士,"越次入对"③,神宗本以唐太宗为榜样,王安石认为唐太宗不足学,"当法尧、舜"④。王安石心目中的尧、舜是什么样子,只有王安石自己知道。不过,王安石的话使神宗扩大了眼界,从而使神宗感到王安石抬高了他的身份。所以,神宗谦和而又充满希望地说:"卿可谓责难于君,朕自视眇躬,恐无以副卿此意。可悉意辅朕,庶同济此道。"⑤随即任命王安石为参知政事兼新建立的制置三司条例司的副主管。王安石向神宗推荐吕惠卿,开始推行新法。

王安石变法坚持了十六年,变法的内容广泛,有青苗法、免役法、方田均税法、农田水利法、均输法、市易法等。漆侠教授将王安石变法的全过程划分为三个阶段。

自熙宁二年(1069)初王安石执政到熙宁五年(1072)夏行

① 《宋史》卷三二七《王安石传》,第 10541 页。
② 《宋史》卷三二七《王安石传》,第 10543 页。
③ 《宋史》卷一四《神宗本纪》,第 268 页,
④ 《宋史》卷三二七《王安石传》,第 10543 页。
⑤ 《宋史》卷三二七《王安石传》,第 10543 页。

市易法之前,是为第一个阶段。在这阶段中,反变法派围绕着青苗、免役两法向变法派进攻,形成变法斗争的第一个大浪潮。对变法犹豫、不坚定的分子,或放弃自己从前的主张,或离开变法派,从侧面或跟反变法派一道向变法派进攻。但斗争的结局却是:反对派遭到很大的失败,变法改革得以广泛地进行。自熙宁五年(1072)行市易法到熙宁九年(1076)王安石第二次罢相,是为斗争的第二阶段。在这阶段,改革愈益深入,宋封建统治力量(对内对外)已有所加强。宋的北方敌对力量辽国因宋加强边防实力而故意挑起衅端,要求"议界",反对派趁着这个有利的机会,并同大商人和皇亲贵戚结成联盟,向变法派发动了凶猛的攻势,形成了反变法斗争的第二个大浪潮。变法派抵挡住了内外敌对力量的联合进攻,维持住了变法改革的局面。但在这个猛烈的打击下,变法改革显现了停滞,变法派内部则因而日趋分裂,最后王安石罢相,离开政府。自熙宁九年(1076)底王安石第二次罢相,到元丰八年(1085)春宋神宗去世,是为第三个阶段。这一阶段,宋神宗成为变法改革的指导者,虽然还继续执行以前的改革,但前此改革中的若干积极因素(如抑制豪强之类)大为缩小,单纯为了满足国库收入的措施增多,两次对西夏斗争的巨大损失,更给局部地区人民带来更多的痛苦。变法改革的最初动向至此发生了逆转。反变法派更由此取得废除变法改革的种种借口。①

---

① 漆侠:《王安石变法》,上海:上海人民出版社,1979年,第178—179页。

　　王安石上台推行新法,过去称赞他的人改变口气攻击他,过去攻击过他的人变本加厉了。

　　富弼,仁宗、英宗两朝宰相,神宗即位优之以礼,他教神宗以权术御臣说:"人主好恶,不可令人窥测。"当神宗问到边事,他回答说:"愿二十年口不言兵。"①神宗并不完全听他的,但仍任他为相。当变法开展后,富弼就对神宗说,"臣闻中外之事渐有更张",这必定是"小人献说于陛下",大凡"小人"都喜欢"生事",从"生事"中得到自己要得到的东西。若是朝廷"守静",遵"常法","小人"②怎么会有机可乘呢? 把力主变法的王安石骂为别有用心无事生非的"小人"。

　　唐介,在仁宗、英宗两朝有"直声",神宗即位任参知政事。由于神宗信任王安石,委以大权,事事让王安石参与决策,唐介说,假如是这样,"则是政不自天子出",即使"辅臣皆忠贤",也是"擅命",假如用非其人,"岂不害国"。③ 皇帝最忌文臣"擅命",唐介偏偏用这一着,挑拨王安石与神宗的关系。

　　吕诲,神宗时任御史中丞;更是赤膊上阵上疏专攻王安石,说他是"外示朴野,中藏巧诈"④,并罗列王安石十大罪状,耸人听闻地说:"误天下苍生,必斯人也。"⑤

　　范纯仁,范仲淹子,多次向神宗进言说:"王安石变祖宗法度,搭克财利,民心不宁。"又说:"小人之言,听之若可采,行之必有

①《宋史》卷三一三《富弼传》,第 10255 页。
② 毕沅:《续资治通鉴》卷六六,神宗熙宁二年,北京:中华书局,1957 年,第 1636 页。
③《续资治通鉴》卷六六,神宗熙宁二年,第 1638 页。
④《续资治通鉴》卷六六,神宗熙宁二年,第 1643 页。
⑤《续资治通鉴》卷六六,神宗熙宁二年,第 1644 页。

累。"建议退王安石,重用"称疾家居"的富弼。①

　　鲁迅先生在《老调子已经唱完》中写道:"宋朝的读书人讲道
学、讲理学,尊孔子,千篇一律。虽然有几个革新的人们,如王安石
等等,行过新法,但不得大家的赞同。"王安石出场实行变法,面对
的是反对、谩骂、攻击、造谣、中伤,其势汹汹,如没顶的恶浪。当
时,几乎所有的重臣、社会名流都卷入围剿王安石的潮流,除上面
已提到的富弼、唐介、吕诲、范纯仁外,还有欧阳修、司马光、张载、
张戬、程颢、文彦博、韩琦、范镇、苏轼、苏辙等人。司马光说:"观介
甫之意,必欲力战天下之人,与之一决胜负。"②王安石在统治集团
上层异常孤立,真有"必欲力战天下之人"的局势,这样的局势,王
安石的胜败取决于一人,神宗支持他,他就能在朝廷上以少数压倒
多数,若失掉神宗的支持,就会为多数所压垮。

　　王安石之所以能开展变法运动,主要是因为神宗不信上面所
提到的富弼、唐介、吕诲、范纯仁等人的谗言,信任王安石,给以重
用,给以大权。神宗愈是重用王安石,王安石便愈是握有大权,变
法运动便愈是深入开展,反对派对王安石和他的新法也愈是忌恨、
攻击、谩骂,愈是要离间王安石与神宗的关系。他们先是一般地泛
泛地攻击,后来,他们是有重点地攻击某一项改革,例如在第一阶
段,他们曾集中力量攻击青苗、免役两法。

　　知通银台司范镇攻击青苗钱是"盗跖之法也"③。特别是河北

---

① 《宋史》卷三一四《范纯仁传》,第 10283 页。
② 司马光:《司马温公文集》卷六〇,《与王介甫第一书》,《丛书集成初编》本,北京:
　　中华书局,1985 年,第 245 页。
③ 《续资治通鉴》卷六七,神宗熙宁三年,第 1668 页。

安抚使韩琦就青苗法上疏给神宗说,青苗法的实行,违背了"抑兼并、济困乏之意"①。神宗将韩琦疏出示给王安石等人说:"琦真忠臣,虽在外不忘王室,朕始谓可以利民,不意乃害民如此。"神宗以韩琦的话而疑惑,王安石因神宗的动摇而"称疾不出"②。翰林学士司马光为神宗起草批答,私自加上"今士夫沸腾,黎民骚动"等语。王安石见此语,"即抗章自辩",神宗"手札慰安石"说:"诏中二语,失于详阅,今览之甚愧。"③神宗一方面挽留王安石,另一方面又"欲大用司马光"。神宗为此访王安石。王安石认为,司马光尽讲有害于新法的话,所交往的尽是反对新法的人,陛下"欲置之左右",参与朝廷决策,"是为异论者立赤帜也"。

然而,神宗在未听王安石意见之前,已任司马光为枢密副使,司马光力辞说:"陛下诚能罢制置条例司,追还提举官,不行青苗免役等法,虽不用臣,臣受赐多矣。"神宗"谕执政罢青苗法"④,这时王安石求退家居,曾公亮、陈升之准备"奉诏",赵抃说:"新法皆安石所建,不若俟其出。"⑤司马光不肯上任,王安石又出"视事",因此,青苗法得以不废。

神宗看了韩琦疏,始疑青苗法不"利民"而是"害民",表扬韩琦,实际上是贬了王安石,王安石因此求退。神宗一方面对王安石表示挽留,另一方面未等王安石出来视事,就任命司马光为枢密副使,下令罢青苗法。假如保守派的旗帜司马光上台,王安石下台,

---

① 《续资治通鉴》卷六七,神宗熙宁三年,第1669页。
② 《续资治通鉴》卷六七,神宗熙宁三年,第1669页.
③ 《续资治通鉴》卷六七,神宗熙宁三年,第1670页。
④ 《续资治通鉴》卷六七,神宗熙宁三年,第1670页。
⑤ 《宋史》卷三一六《赵抃传》,第10324页。

青苗法废,改革就有可能付之东流。

从表面上来看,神宗对王安石变法的支持是够坚决的了,但神宗的内心活动是极复杂的,他既要王安石变法,又要容忍保守派对王安石变法的攻击,既要王安石当权,又要保守派与王安石共同执政。因此,出于这种原因的支持不可能是稳固的,是经不起韩琦和司马光这些有极大社会影响的上层人物挤压的,用王安石的话来说,神宗对这些人"刚健不足"①。神宗在改革派与保守派之间,从未完全投向改革派。如王安石说:"天下事如煮羹,下一把火,又随下一勺水,即羹何由有熟时也。"②王安石太天真了,他根本忘掉了神宗是皇帝,与臣子不一样,作为皇帝,有皇帝的打算。皇帝根本就不想将羹煮熟。对皇帝来说,司马光、韩琦这些人不是全无用,他们所讲的话不是全无可取之处。这次变法出现了危机,其根源是神宗皇帝的动摇,而危机之所以很快过去了,也是因为神宗这个钟摆没有完全摆到司马光、韩琦那一边,而又摆到王安石这一边来了。

王安石这次未退,但是,要求神宗退王安石、废新法的疏文像雪片一样纷飞,攻击王安石的言辞愈来愈烈,如监察御史里行张戬上疏数十,最后极言之:"今大恶未去,横敛未除,不正之司尚存,无名之使方扰,臣自今更不敢赴台供职。"还到中书"声色甚厉"③地争吵。翰林学士范镇上疏说:"陛下有纳谏之资,大臣进拒谏之计;

---

① 李焘:《续资治通鉴长编》卷二一五,神宗熙宁三年,北京:中华书局,2004年,第5232页。
② 《续资治通鉴长编》卷二六二,神宗熙宁八年,第6414页。
③ 《续资治通鉴》卷六七,神宗熙宁三年,第1678页。

陛下有爱民之性,大臣有残民之术。"①范镇使用了保守派惯用的权谋,极力把神宗与王安石分离,将一切罪过归咎于王安石。王安石"持其疏",气得手发抖。王安石就是生活在天天被人攻击、诬蔑的环境中,老是不称心。所以,王安石一生气就要辞退。为此,神宗曾与王安石做了一次推心置腹的谈话:"朕与卿相知,近世以来所未有。所以为君臣者,形而已,形固不足累卿,然君臣之义,固重于朋友。若朋友与卿要约勤勤如此,亦宜少屈,朕既与卿为君臣,安得不为朕少屈。"②神宗与王安石的关系非同一般,神宗这一番话也非同一般,确有真诚感人之处。但是,不能因为神宗对王安石真诚敬重而就改变他犹疑于改革派与保守派之间的政策,更不能因此就能保证神宗对王安石不产生猜疑。

熙宁六年(1073)、七年(1074)连续发生虫、旱灾,反对派利用这个机会将对王安石变法的攻击推向高潮。说什么变法触犯天威,非废法不可救,说什么新法使人苦不堪言,加上天灾,致使流民遍野。这时曾经为王安石所提携的郑侠大做文章,向神宗献《流民图》。神宗本来就焦急不安,看了图,更是长吁不已,"寝不能寐"。神宗特地对王安石说,士大夫多言新法"不便"。又说,"置官多费",要撤除制置三司条例司。神宗因为天灾而"欲尽罢法度之不善者",王安石说,对于天灾,"当修人事以应之"。神宗答:"朕所以恐惧者,正为人事之未修耳。"③这实际上当着王安石的面,表达了他对王安石和新法的怀疑。

① 《续资治通鉴》卷六七,神宗熙宁三年,第1692页。
② 《续资治通鉴》卷六七,神宗熙宁三年,第1682页。
③ 《续资治通鉴》卷七〇,神宗熙宁七年,第1750页。

熙宁七年(1074)四月一天,神宗下求言诏,司马光"读之感泣"上疏,全面攻击新法。"近臣以至后族",无不言新法之害。有一日,神宗侍太后(高氏)至太皇太后(李氏)宫,太皇太后对神宗说:"祖宗法度,不宜轻改,吾闻民甚苦青苗助役,宜罢之。"又说:"王安石诚有才学,然怨之者甚众,欲保全之,不若暂出之于外。"神宗没有马上同意。于是,太后流着泪说:"安石乱天下,奈何?"①神宗再坚持不了,王安石只得主动"求去位",将权交给韩绛和吕惠卿,自己到江宁去了。吕惠卿与韩绛两不相容,"事多稽留不决",而且吕惠卿忌王安石"复用","凡可以害安石者,无所不为"。韩绛"密请帝复用安石",王安石在外不到一年即得到皇帝的召唤,他欣然"不辞,倍道而进,七日至京师"。②

一年后复位的王安石所面临的境况更复杂。王安石最亲信的吕惠卿背叛了他,这对他是最沉重的精神打击,以致王安石打不起精神与吕惠卿合作共事。王安石在给友人的信中诉述他的心情:"顾自念行不足以悦众,而怨怒实积于亲贵之尤;智不足以知人,而险波常出于交游之厚。"③促使他不得不心灰意懒。吕惠卿对神宗说:"安石为陛下建立庶政,千里复来,乃一切托疾不事事,与昔日异。""安石不安其位,盖亦缘臣在此,不若逐臣使去。"④王安石与吕惠卿之间的纠葛,引起了王安石的儿子王雱对吕惠卿的怨恨,王雱因此伪造罪状企图陷害吕惠卿,事情败露,王安石受牵连。王安

① 《续资治通鉴》卷七〇,神宗熙宁七年,第1754页。
② 《续资治通鉴》卷七一,神宗熙宁八年,第1771页。
③ 转引自《王安石年谱三种》,第504页。
④ 《续资治通鉴》卷七一,神宗熙宁八年,第1780页。

石责子王雱,"雱愤恚",于熙宁九年(1076)"疽发背死"①。王雱"性敏甚,未冠,已著书数万言"②,深得王安石喜爱。王安石早就"多称疾求去",儿子死,更"力请解机务"。这时神宗对年老多病的王安石的所作所为已有所厌恶。③ 56 岁的王安石获得恩准,回江宁养老了。从此王安石一去不再返回政治舞台了。

王安石走后,神宗继续主持变法,已是强弓末弩,新法名存实亡,元丰八年(1085)神宗逝世,司马光上台,尽罢新法而告全面失败。元祐元年(1086)三月,王安石听到罢助役,他"愕然失声"地说:"亦罢及此乎。"并哀绝地呼唤:"此法终不可罢也。"④同年四月,曾"力战天下人"的王安石含泪离开了人间。

王安石从权力顶峰退下来之后,度过了十年退休生涯。这时,王安石的心情既宁静又不宁静。从闹哄哄的官场退到平静的山林,看到世界是空蒙蒙的一片,王安石悟到人生另有真谛,他写给女儿的诗云:"梦想平生在一丘,暮年方此得优游。江湖相忘真鱼乐,怪汝长谣特地愁。"⑤人生如梦,早知如此,何必等到暮年才来此"优游"呢?

曾巩曾责怪王安石的提倡读佛经,王安石写信辩解说:"方今乱俗不在于佛,乃在于学士大夫沉没利欲。"⑥浑然有今日方醒之感。实际上,王安石用佛教的空无写出了自己的禅诗:"云从钟山

---

① 《宋史》卷三二七《王安石传》,第 10549 页。
② 《宋史》卷三二七《王雱传》,第 10551 页。
③ 《续资治通鉴》卷七一,神宗熙宁九年,第 1795 页。
④ 《续资治通鉴》卷七九,哲宗元祐元年,第 1991 页。
⑤ 转引自《王安石年谱三种》,第 554 页。
⑥ 转引自《王安石年谱三种》,第 560 页。

起,却入钟山去。借问山中人,云今在何处?无心无处寻,莫觅无心处。"①从追逐名利的官场上退出来,看破名和利,心中是空旷的,从哪里来,还到哪里去,无心寻找任何东西,这里本来就无什么可寻找。这种淡漠的心境是王安石从青年时的狂热到老年时的冷却的逆转,是他将自己政治抱负的实现寄托专制主义权威的愿望的破灭。在专制主义统治下,有多少失意之人从官场败退下来遁入空门,看看王安石年轻时的言论和行为,一个泰山都压不倒的人,怎么会预见他到了晚年写起了禅诗呢?但是,他就是写了,这里难道没有点必然性吗?

年轻时的王安石算是好斗逞强的了,这时王安石成了息事宁人的老人。有一首诗,他是这样写的:"风吹瓦堕屋,正打破我头。瓦亦自破碎,岂但我血流。我终不嗔渠,此瓦不自由。"②这无疑是王安石对自己官宦生涯的反省和总结。这不完全是消极的,教人不做两败俱伤的无谓的斗争,不要意气用事,有时伤害不伤害别人,也不完全以个人意愿为转移,吕惠卿做到宰辅的位子,是王安石一手提拔的,后来,在王安石最困难的时候,出于私利,对王安石却暗中算计着,在当时对王安石的精神打击极大。元丰三年(1080)吕惠卿也来到了江宁。吕惠卿奉信给王安石表示愿捐"旧恶"。王安石也回了信。为了明了王安石的心境,不妨抄录于下:

　　与公同心,以至异意,皆缘国事,岂有它哉?同朝纷纷,公

---

① 转引自《王安石年谱三种》,第 561 页。
② 转引自《王安石年谱三种》,第 561 页。

独助我,则我何憾于公?人或言公,吾无与焉,则公何尤于我?
趣时便事,吾不知其说焉,考实论情,公宜昭其如此。开喻重
悉,览之怅然。着之在我者,诚无细故之可疑,则今之在公者,
尚何旧恶之足念。然公以壮烈,方进为于圣世,而某茕(弱劣
也)然衰疢(病也),特待尽于山林。趣舍异路,则相呴以湿,不
如相忘之愈也,想趣召在朝夕,惟良食为时自爱。①

总之,王安石不愿再谈起过去的事,"开喻重悉,览之怅然"。
至于今后"趣舍异路",你当你的官,我"茕然衰疢,特待尽于山林",
对过去,对现在,对未来,对是与非,对恩与怨,对一切,都是淡
淡的。

元丰七年(1084)苏轼路过江宁拜谒王安石,苏轼与王安石也
曾政见相左,但在王安石的心目中苏轼与吕惠卿有本质的不同,两
位名盖当世的文学家相见,更是尽捐前嫌。这次相见,畅谈吟诗,
苏轼与王安石都引以为快慰。别后,苏轼曾写信给王安石说:"某
游门下久矣,然未尝得如此行。朝夕闻所未闻,慰幸之极。"②事过
境迁,苏轼从王安石身上发现了过去未发现的东西,王安石从苏轼
身上也发现了过去未发现的东西。对他们来说,岁月没有白白流
逝,不平凡的遭遇,使他们增长了智慧,他们有讲不完的共同语言。
是苏轼向王安石靠拢,是王安石向苏轼靠拢,还是王安石与苏轼一
同向佛、道靠拢?③

---

① 转引自《王安石年谱三种》,第548页
② 转引自《王安石年谱三种》,第570页,
③ 苏轼给友人信说:"某到此时见荆公,甚喜。时诵诗说佛也。"见上书,第571页。

一般是明代张居正变法与宋代王安石变法并提。

张居正与王安石的命运是相同的,但是表现形式是有差异的。这种差异可以加深人们对相同东西的认识。

明太祖朱元璋为了加强皇权,废除了宰相。但是,皇权愈是集中,愈是需要得力的辅佐力量,于是就产生了皇帝的秘书班底的内阁,按照专制主义制度的常规,内阁的权力是很渺小的。阁员由皇帝任命,皇帝在任何时候都可以下诏斥逐,诏书下达,当日即须出京,不得逗留片刻。内阁权力的主要表现是首辅的"票拟"权,即代皇帝起草诏谕。但是,在皇权因为某原因遭到削弱的条件下,内阁的权力,特别是内阁的首辅权,会得以膨胀,实行宰相权,乃至凌驾于皇帝之上。因此,内阁是明代的政治枢纽,也是权力争夺的中心。

张居正于嘉靖二十六年(1547)中二甲进士,选庶吉士,入翰林院,取得了候补阁员的资格。张居正在入阁当权的前后,他学习怎么做内阁当权者。严嵩与夏言斗,严嵩因柔佞而得胜,夏言因刚愎而被杀。徐阶与严嵩斗,严嵩柔佞如水,柔得被人轻视,徐阶柔中有刚,如橡皮,"遇到坚强的压力,能屈服,能退让,但是在压力减轻的时候,立即恢复原状。对于外来的力量,他是抵抗,但是永远不采取决裂的态度,即在退让的时候,他也永远不曾忘去撑持"①。结果徐阶斗倒了严嵩,徐阶这种政治风度,张居正学到了。后来,徐阶与高拱斗,张居正作为阁员夹在中间,与谁也不站在一起,与谁都不决裂,而徐阶和高拱都看得起他,都要拉他。因此,徐阶被高

① 朱东润:《张居正大传》,武汉:湖北人民出版社,1981年,第27页。撰写张居正部分,多有参考,恕不一一注明。

拱赶出内阁,他张居正却安全无恙。

　　宽厚的穆宗在位时,他做裕王时的老班底高拱大权独揽。穆宗逝世,于是高拱与十岁神宗后面的陈皇后、李贵妃及司礼掌印太监冯保发生了尖锐的对立。大权在掌的高拱,曾斗倒过老谋深算的徐阶,怎么会将十岁娃娃皇帝放在眼里呢?动不动就嚷:"十岁的天子,怎样治天下啊!"孤儿寡母听到是什么滋味?从表面阵容和势力来看,高拱力量比陈皇后、李贵妃、冯保大,结果还是挟天子之势的陈皇后、李贵妃、冯保斗倒了高拱。

　　这给张居正以很大的启发。严嵩倒了,徐阶走了,高拱贬了。剩下来的就是张居正,他是当然的内阁首辅,无足抗衡者。只要处理好内阁与内宫势力的关系,与年少皇帝的关系,他张居正就可以坐稳首辅的宝座,就可以施展自己的政治抱负。在张居正看来,他有足够的经验和才能处理这两种关系,然而,精明能干的张居正一生中犯的最大的错误就是小看了小皇帝。

　　张居正与两位皇太后及太监冯保之间的关系,处理得很顺当,两位皇太后和太监冯保只要求张居正尊重他们的既得利益和没有篡夺神位的野心,他们就不仅会顾大体、顾大局,不干预朝政,而且皇太后还以皇母的身份调教少年皇帝,听从张居正掌权,张居正也只要求两位皇太后和太监冯保不干预朝政,其他不关大局的小事,他能迁就的就迁就,能敷衍的就敷衍。

　　年少的神宗在后宫听皇太后的,在前朝听张居正的。只要张居正调节好"内宫—神宗—内阁"这三者关系,张居正的富国强兵的变法,就能顺利通行。

　　神宗的生母李太后,是一位出身农家的有能力、有办法的坚强的女人,她作为贵妃,处理好了与陈皇后的关系,使陈皇后爱非己所生的神宗,不妒忌神宗的生母。在穆宗逝世后,她决然赶走了高拱,同时又看准了张居正,她将前朝托付张居正,她在后宫约束冯保和调教神宗。神宗还是孩子,李太后也如实地将他当作皇儿严加管教,管他学习,管他上朝,不准他有半点松懈,皇帝不读书罚"长跪"。有一次神宗实在被管教得烦躁,偷偷地带着太监出外玩耍,他要"内侍歌新声",不听,他就"取剑击之"。陈太后得知,召神宗跪着听太后"数其过",以致神宗"涕泣请改",乃罢。①

表面上张居正称神宗为皇上、陛下,心底里还是将他看作孩子,实际上张居正行使了皇帝的权力,而当时的神宗也确实是一位听话的孩子,口口声声称张居正为先生,言无不听,计无不从,几乎是百依百顺,并屡屡表示一天也离不开张居正。

万历四年(1576),巡按御史刘台居然上疏弹劾威震全朝的张居正,建议神宗抑损张居正的相权。这是张居正执政以来所遭受的第一次打击。对他是一个异常的刺激,因此张居正跪在神宗面前,眼泪簌簌地直下,请求致仕。张居正也不仅是感到感情上过不去,而是已意识到他与神宗之间君臣关系的微妙处,反对他的人往往抓住这个要害向他进攻,一旦他们得逞,他张居正一切的一切就完了。他曾上疏说:

> 盖臣之所处者危地也,所理者皇上之事也,所代者皇上之言也。今言者方以臣为擅作威福,而臣之所以代王行政者,非

---

① 《明史》卷一一四《后妃二传》,第 3534 页。

威也则福也。自兹以往,将使臣易其涂辙,勉为巽顺以悦下耶,则无以逭(逃避也)于负国之罪;将使臣守其故辙,益竭公忠以事上耶,则无以逃于专擅之讥。况今谗邪之党,实繁有徒,背公行私,习弊已久,臣一日不去,则此辈一日不便;一年不去,则此辈一年不便。若使臣之所行者,即其近似而议之,则事事皆可以为作威,事事皆可以为作福,睭睭(愤怒貌)之谗日哗于耳,虽皇上圣明,万万不为之投杼,而使臣常负疑谤于其身,亦岂臣节之所疑有乎?①

从言辞上看,张居正是请求"罢归",实际上给神宗打预防针,说明他要有所作为就要"代王行政",他一旦"代王行政",就"无以逃于专擅之讥",谎言重复多次,就变成可以相信的事实,能不动摇皇上的"圣明"吗?

皇太后和神宗了解张居正的心情,随即在下达的圣旨中表示:"朕亦知卿贞心不二,绝非众口所能动摇。"经历刘台的弹劾之后,张居正的锐气不减,信心十足。他给私人的信中表示:"吾但欲安国家,定社稷耳,怨仇何足恤乎!""'专擅,专擅'云云,欲以竦动幼主,阴间左右,而疑我于上耳。赖天地宗庙之灵,默启宸衷,益坚信任。"②

万历五年(1577),张居正父亲病逝,按照丁忧制度,张居正应

---

① 张居正:《张文忠公全集上》奏疏四《被言乞休疏》,《国学基本丛书》本,北京:商务印书馆,1935 年,第 66 页。
② 张居正:《张文忠公全集中》书牍八《答奉常陆五台论治体用刚》,《国学基本丛书》本,北京:商务印书馆,1935 年,第 347 页。

自闻丧日起,守制二十七个月,期满复起。由皇上特别指定,不许解职,称为"夺情"。张居正照例是请放回原籍守制。神宗下旨不准:"朕元辅受皇考付托,辅朕幼冲,安定社稷,朕深切依赖,岂可一日离朕?"①两太后和冯保都认为张居正不能奔丧,神宗甚至说,即使张居正再上百本,也不能准。张居正再三上书请求。神宗再下旨不准。最后一道谕旨写道:"朕学尚未成,志尚未定,一日、二日万几,尚未谙理;若先生一旦远去,则数年启沃之功,尽弃之矣。先生何忍!"②多么富有师生亲切的情谊。有人又借此攻击张居正"亲死而不奔","如同禽兽",当然更不配做内阁首辅。神宗再次说:"先生精忠的心,天地祖宗知道,圣母与朕心知道,那群奸小人乘机排挤的,自有祖宗的法度治也,先生不必介怀。"

万历七年(1579),神宗发疹,病后,神宗与张居正交谈。神宗说:"先生近前,看朕容色。"张居正奉命向前挪了几步,又跪下了,神宗握着张居正的手,张居正才抬头仰看,见得神宗气色甚好,声音也很清朗,心里不由感觉快乐。张居正说:"陛下病后不但饮食宜节,而且疹后最患风寒与房事,尤望圣明加镇。"神宗说:"今圣母朝夕视朕起居。未尝暂离,三宫俱未宣召,先生忠爱,朕悉知。"神宗与张居正之间何等亲切,张居正是神宗的臣仆,又是神宗的监护人,神宗是张居正的主人,又是张居正的弟子,他们之间已非一般的君臣关系,平时对年轻的朋友和晚辈所不便说的话,张居正都讲了。谁会想到这么重的深切情感会有破裂的一天?

张居正这位大功臣,鞠躬尽瘁,于万历十年病逝。尸骨未寒,

---

① 《张文忠公全集上》奏疏六《乞恩守制疏》,第88页。
② 《张文忠公全集上》奏疏六《谢降谕慰留疏》,第93页。

无端掀起一股风浪向张居正和他的家族袭来。

长期被管教和约束很严的神宗要展示自己的个性了，他要还他的皇帝的权威，皇帝不应受任何人的管教、约束和监督，谁要行使这不应该行使的管教、约束和监督，就要付出代价，神宗已是十九岁的男子汉，太后老了，大臣张居正死了，报复的时候到了。

将太后倚重的冯保赶出宫，原来百依百顺的皇儿，现在可以不征求太后的同意，要追问原因可以敷衍，到后来，干脆可以不照面。

张居正身殁仅仅九个月，就诏夺他的上柱国、太师等无上光荣的头衔，再诏夺文忠公谥，斥其子锦衣卫指挥张简修为民。凡是张居正所为的一切都来个兜底翻。朱东润先生在《张居正大传》中写道："居正整驿递，现在官不得任意乘驿的禁例取消了；居正用考成法控制六部，现在考成取消了；居正裁汰冗官，现在冗官一律恢复了；居正严令不得滥广学额，现在学额一并从宽了；乃至居严守世宗遗训，外戚封爵不得世袭，现在也一概世袭了。居正所遗的制度，神宗正在不断地取消。"

最后，神宗下诏抄张居正的家，逼死其长子张敬修，阖门饿死十余口。

张居正在世时说："盖臣之所处者危地也，所理者皇上之事也。"神宗慰勉他说："卿忠贞不二。"张居正一方面感觉处境危险，但另一方面他也认为他可以自己的"忠贞不二"换得皇上的恩典和垂爱，而皇上也确实表示了这种恩典和垂爱，并还说，张居正死后，皇上要保护他的子孙。谁知道张居正一死，皇上的态度全变，将自己讲的话全忘光了。

当时有人劝阻神宗说："居正诚擅权，非有异志。"这个评价应该是公允的，但是神宗就是在情感上不容允张居正"擅权"，因为张居正就是擅他皇帝应擅之权。有人想以感情打动神宗说："居正为顾命辅臣，侍皇上十年，任劳任怨，一念狗马微忠，或亦有之。"然而神宗铁石心肠，就是不念"狗马微忠"。张居正在世曾说："人臣杀其身，有益于君则为之，况区区訾议非毁之间乎？"①张居正死后，他长子张敬修在血书中写道："其十年辅理之功，唯期奠天下于磐石，既不求誉，亦不恤毁，致有今日之祸。"

商鞅车裂，吴起箭穿，王安石凄凉的晚年，张居正身后被抄。历史上的改革派，一个个下场都不太妙，其原因是什么？是因为这些改革派都没有独立人格，仅仅是皇帝的臣仆，他的权力不是人民赋予的，而是皇帝赋予的，当到哪天皇帝先他而走，他就必死无疑；当到哪天皇帝厌恶他，他就难逃厄运。

皇帝绝对不可靠，只有依靠人民，然而，商鞅、吴起、王安石、张居正与人民之间没有通道。

---

① 《张文忠公全集》奏疏六《乞恢圣度宥愚蒙以全国体疏》，第 97 页。

# 附　录

# 一 "君主制"与"君主专制"——答洪家义同志

我那篇讨论《吕氏春秋》的反君主专制思想的短文,虽然是同洪家义同志商榷的,也是对有些同志把中国古代社会流行的"任贤""纳谏"等主张作为反君主专制的民主思想加以称道,提出的质疑。后来,我看到一九八二年五月号《新华文摘》上转载的刘泽华、王连升同志的《先秦时代的谏议理论与君主专制主义》,发现对此表示怀疑的并不只是我一个人。最近又有幸得读洪家义同志的《再谈》文稿,受到不少启发,但对洪家义同志认为我将"君主制"与"君主专制"混淆了,以及他对这两个概念的区别,仍有不同看法,故再提出来与洪家义同志商榷。

洪家义同志说:"区别就在于君主权力的大小,也就是说君主权力是否受到某种限制:几乎不受限制的叫作'君主专制';受到某种限制的就叫作'君主制',从字面上看,就是有无一个'专'字。"

又说："当然这种区别不是两种政体的区别，而是一种政体下君主权力大小的区别。"还进一步指明："这种权力大小之间有没有一个分界点呢？有的。这个分界点就存在于封建地主阶级和封建君主之间。说得明白点，就是，君主权力限制在能够代表整个地主阶级利益的范围内，就属于'君主制'；如果君主的权利无限膨胀，膨胀到不代表整个地主阶级的利益，而只代表地主阶级中的一小撮利益，甚至只代表君主一家一姓的利益，那就属于'君主专制'了。"

洪家义同志这些看法是颇具理论色彩的，却难以令人信服。

首先，君主制与君主专制有没有像洪家义同志所说的那种区别，长期以来，史学界对此是存在歧义的。洪家义同志以西欧为例，认为到十六十七世纪出现了君主专制，可是那时是"王权倾向于进步"，与我们讨论的君主专制有所不同，为了避免问题复杂化，暂不拟涉及。在中国，洪家义同志是以秦始皇称皇帝作为分界线，在此以前为"君主制"，在此以后为"君主专制"。这也是一说。还有他说：如有的人主张以明王朝为界线；有的人则不大注意这种区别（如我在上面提到的刘泽华、王连升所写的文章就是如此，他们认为在秦始皇以前早已存在君主专制了）。这种打了多年"官司"的问题，一下子是扯不清的。问题的关键，是在于洪家义同志对君主制与君主专制的解释，似乎还值得进一步推敲。

其次，我同意洪家义同志的意见，"君主制"和"君主专制"，"不是两种政体的区别"，即使有差异，也是"同一政体之内的区别"。既然"君主制"和"君主专制"是同一政体，为什么又说，两者之间"就是有无一个'专'字"呢？难道说封建社会的君主制不是赋予君主最后决定权的吗？我认为，"君主制"或"君主专制"作为一种政体,它是相对于民主制而言的。资产阶级的议会制是资产阶级的典型的民主政体,资产阶级的最高政治代表由议会或者全民选举,也可以由议会弹劾或罢免,最高政治代表应对议会负责。在阶级内部按照少数服从多数的原则决定大事,或者在全阶级内,或者在常设权力机构内,最高政治代表也毫无例外地要服从这个原则。至于最高统治者利用其拥有的强大权力违反这个原则,那是属于非法的例外。这种民主政体,不是资产阶级独有的,如古希腊雅典的奴隶主阶级就采用过民主制,只是不如资产阶级议会制完善罢了。很显然,洪家义同志所说的"君主制"与"君主专制"都是包含与民主制对立这个意义上的,当然也就不能说二者的区别就在"有无一个'专'字",因为二者都是权力集中于君主一人。如果说"君主制"与"君主专制"有什么不同的话,那就是如洪家义同志所说的,只是"权力的大小"不同而已。为什么,洪家义同志的话有点自相矛盾呢? 恐怕不是用词的问题。

第三,洪家义同志提出了君主制或君主专制与它所代表的地主阶级之间的关系问题,这是值得研究和注意的问题。洪家义同志说:"君主权力限制在能够代表整个地主阶级利益的范围内,就属于'君主制';如果君主的权利无限膨胀,膨胀到不代表整个地主阶级利益,而只代表地主阶级中的一小撮人利益,甚至只代表君主一家一姓的利益,那就属于'君主专制'了。"洪家义同志这一番话,在理解一个政权与其所代表的阶级既统一又矛盾的关系上来说是有价值的。因为一个阶级政权在本质上说它应该是代表这个阶级的整体利益,但是实际上它往往又有所偏离。在不同的历史阶段,由阶级内部的不同的阶层做当权派。如在中国封建社会,在秦汉之际是军功地主阶层当权；在魏晋南北朝之际，是世族地主阶层当权；在隋唐宋之际，是庶族地主阶层当权；明清之际，是官绅地主阶层当权。我们说明这一点是指地主阶级内部权益的分配是有斗争的，是不均的，假如以此来说明封建的君主专制不代表地主阶级的整体利益，并以此作为划分"君主制"与"君主专制"的标准，恐怕是很难成立。因为，地主阶级内部各个阶层之间的利益虽然有矛盾，但在剥削压迫农民阶级这个根本问题上，他们之间利益是一致的，从这个意义上说，无论是君主制，还是君主专制都应是代表地主阶级整体利益的。当然，在历史上也有少数昏君将个人或其家族利益置于地主阶级整体利益之上，做出了损害地主阶级整体利益的蠢事，这只能是"制度"的例外，不可能是"君主专制"本身的内涵，假如有这样的"君主专制"而作为一种政治制度出现于历史上，并且能代表一个历史阶段，那简直是不可思议的。

第四，就中国封建社会历史来说，有的同志分"君主制"和"君主专制"两个阶段是从军权与相权的分工的角度来看的。相权增大，君权削弱就是走向"君主制"，相权削弱，君权增大就是走向"君主专制"。在我看来，在中国封建社会，相权无论怎么增大也没有使君主放弃最终的裁决权，只不过是增强其对君权的牵制而已；君权无论怎么削弱也没有使君主丧失独断资格，只不过是君主将办事权下放而已。"君主制"和"君主专制"都是封建专制主义，要说有什么区别，还是洪家义同志自己所说的"区别就在于君主权力的大小"。可惜的是，洪家义同志再讲下去，就自我否定了。

第五，我认为"任贤""纳谏"，这不是封建社会对君主的特有的限制。历史上没有一个阶级不希望将本阶级最优秀的人才推上政治舞台,问题在于采取什么方式"任贤":有民主选举法、有世袭法、有委任法、有推荐法、有选举与委任相结合法。中国封建社会是采取皇帝择贤而任,决定权在皇帝手中。皇帝任命的也可能是"贤",也可能是"不贤"的。由于不是民主决定,这中间偶然性极大,这就是问题的关键所在。重要的是,所任的人"贤"与"不贤"对"君主制"或"君主专制"的性质是无丝毫影响的,因为不在于所任的人,而在于任人的权力的行使。在某种意义上说,只要行使任人的权力性质不变,所任的人愈"贤",愈有利于"君主专制"。同样,历史上没有一个神经正常的政治家不知道个人的智力和所见所闻是极有限的,在决断之前,需要与周围的人商讨,因此哪个阶级的政治家在决定事情之前,都应采纳别人的意见。问题在于采纳的方式如何。在民主制的条件下最高政治代表采纳议会的建议或决定,带有法律的强制性;在君主专制的条件下最高政治代表自己掌握采纳与否的权力。大臣的意见对他只有一定限制和牵制作用,而没有任何法律的约束力。所以,我认为"任贤""纳谏"均无反君主专制的意义,相反,在封建专制主义的制度下,"任贤"与"纳谏"只能是君主专制的补充。当然,这并不意味着对封建君主的"任贤""纳谏"应该一概否定。因为那是另外一个范畴的问题。

第六,我觉得对马克思、列宁的话,都应准确地理解,不能望文生义。对列宁所说的"管理俄国的不是沙皇——所谓一人专制,只不过是说说罢了!——管理俄国的是一小撮最富最显贵的官吏……关于全体俄国人民,这些显赫贵族、富裕地主和少数可以出入沙皇宫廷的最富的商人知道什么,沙皇才知道什么。"(《给农村贫民》)我认为,列宁在这里所说的是沙皇所经常接触的人是统治阶级上层,这种情况并不稀奇,剥削阶级任何统治者在任何时候都大体如此,列宁并没有说沙皇不是地主资产阶级的利益代表,相反是说明沙皇代表它所属的阶级的利益实行独裁。至于"一小撮"有两层意思,一是指沙皇所接触的人也是统治阶级中的少数;二是相对"全体俄国人民",统治者总是"一小撮",那么,马克思所说的"在普鲁士,国王就是整个制度","国王是唯一的政治人物"。又该如何理解呢?无论"君主制"或"君主专制"都属于同一种政治制度,都是地主阶级表达本阶级的权力和意志的一种形式。任何一个阶级的权力和意志最终总是要有一个人集中表达,不论是民主制或君主制都不例外,问题在于这个人集中表达的权力和意志是怎么决定的,是个人独断,还是民主决定。马克思在这里所强调的是君主专制是排斥了少数服从多数的个人专制,并非说,个人专制就只代表个人或家族利益,而不代表阶级的意志和利益。

这就是我的一些与洪家义同志不同的看法,对与不对,供同志们进一步研究参考。

# 二　封建政治制度的一个根本缺陷——读《说苑·君道》

　　刘向《说苑》的第一部分《君道》，如同全书一样，是"采传记百家所载行事之迹"而成的。但是，作者采撷什么不采撷什么，当然是有自己的标准的，所以，通过这一部分的摘录，我们可以知道作者的君道观是什么，并由此多少获得一些对封建政治制度的本质认识。

　　地主阶级最高统治者，或称天子，或称皇帝，亦称君主。在封建社会里，君主就是地主阶级利益的集中代表，然而，一个君主能否集中代表本阶级利益，这要取决于主客观因素。所谓"君道"，就是研究使君主真正地集中代表地主阶级利益的学说。它在封建政治学说中占着首要地位。

　　既然要君主作本阶级利益的集中代表，相应地也就要将生杀大权集中到君主手里，即赋予君主以至高无上的权力，本来，君主即使具有至高无上的权力,也仍然是阶级的代表。但是,君主权力的至高无上,就存在着君主不顾阶级利益的约束为所欲为的可能。如何防止这种可能性变为现实性呢? 这就是"君道"要研究的核心问题。

封建社会的君主权力过大,往往掩盖了君主与他所代表的阶级的关系,似乎应该是一切忠于君主,一切为了君主。其实,这是代表与被代表关系的颠倒。"夫天之生人也,盖非以为君也。天之立君也,盖非以为位也。夫为人君行其私欲而不顾其人,是不承天意,忘其位之所宜事也。"刘向同意的正是这一说。历史上也确实有将阶级利益放在第一位,以个人利益服从阶级利益的君主,刘向为了树立以为楷模,曾摘录邾文公的事迹。文如下:

> 史曰:"利于民,不利于君。"君曰:"苟利于民,寡人之利也,天生烝民而树之君,以利之也,民既利矣,孤必与焉!"侍者曰:"命可长也,君胡不为?"君曰:"命在牧民。死之短长,时也。民苟利矣,吉孰大焉。"

邾文公不仅主张使个人利益服从阶级利益,而且要能为了阶级利益牺牲个人利益,乃至生命,当然是值得大书特书的!

从《说苑·君道》所摘录的内容来看,我们可以理出几条封建地主阶级控制君主的办法。

第一,要求君主寡为。

《君道》篇载:"齐宣王谓尹文曰:'人君之事何如?'尹文对曰:'人君之事,无为而能容下。夫事寡易从,法省易因,故民不以政获罪也。大道容众,大德容下;圣人寡为而天下理矣。'"

寡为是为所欲为的反面。寡为能"容众""容下",不会是君主个人的私欲无限制膨胀,不会使君主个人的私利置于阶级利益之上,不会"以政获罪",闹得天怒人怨,鸡犬不宁。所以说:"圣人寡为而天下理矣。"

第二,要求君主纳谏。

"虽有尧舜之明,而股肱不备,则主恩不流,化泽不行。"刘向引用这几句话表明,他认为,一个君主是昏是明,不是看君主本身有多大本领,而是看他会不会用人。在《君道》篇中,刘向还摘引了晏子的三不祥说,即"有贤而不知","知而不用","用而不任"。无非是说君主会不会用人关系到社稷的兴亡。

怎样才算会用人呢? 在刘向看来,最主要是看君主能不能听取不同意见。为了说明这个观点,刘向摘引了两个很生动的历史故事,值得一读,也照录如下:

（1）晏子没十有七年,景公饮诸大夫酒,公射出质,堂上唱善,若出一口。公作色太息,播弓矢。弦章入,公曰:"章! 自吾失晏子,于今十年有七,未尝闻吾过不善,今射出质,而唱善者,若出一口。"弦章对曰:"此诸臣之不肖也,知不足以知君之不善,勇不足以犯君之颜色,然而有一焉。臣闻之,君好之,则臣服之;君嗜之,则臣食之。夫尺蠖食黄则其身黄,食苍则其身苍。君其犹有诌人言乎?"

（2）师经鼓琴,魏文侯起舞,赋曰:"使我言而无见违。"师经援琴而撞文侯,不中;中旒,溃之。文侯谓左右曰:"为人臣而撞其君,其罪如何?"左右曰:"罪当烹。"提师经下堂一等。师经曰:"臣可一言而死乎?"文侯曰:"可。"师经曰:"昔尧舜之为君也,唯恐言而人不违;桀纣之为君也,唯恐言而人违之。臣撞桀纣,非撞吾君也。"文侯曰:"释之,是寡人之过也。悬琴于城门,以为寡人符;不补旒,以为寡人戒。"

在君主身边设辅弼大臣,是影响、牵制君主的一种办法,如何体现影响、牵制的效果呢? 就在于使君主能听取不同意见。这就是《君道》篇中特别强调君主听取不同意见的原因。

第三,要求君主听天命的警告。

天命是一种虚无缥缈的东西,正因为它虚无缥缈,就可以做多种解释,有多种用处。它可以使君主披上神圣的光圈,显得更加威严;它也可以被农民起义军用来造反,名曰:"奉天讨伐。"它还可以被剥削阶级用来控制它的政治代表——君主,君主再大,大不过天命。阶级意志以天命的形式出现,就扩大了阶级意志的震慑力。刘向当然也主张借用天命来震慑君主的。《君道》篇载:

殷太戊时,有桑谷生于庭,昏而生,比旦而拱,史请卜之汤庙,太戊从之,卜者曰:"吾闻之祥者,福之先者也,见祥而为不善,则福不生;殃者,祸之先者也,见殃而能为善,则祸不至。"

没有一成不变的天命,福可以转祸,祸可以转福,关键在于兢兢业业,不能玩忽。在那个时代,这样巧妙的解释和利用天命恐怕不宜完全否定吧!

　　历史证明,任何一个阶级对本阶级的代表,都必须实行监督,而各个阶级监督的方式是不一样的,且有先进和落后之分。封建地主阶级对本阶级的一般官吏都实行自上而下的监督,郡太守统辖县老爷,中央管地方,君主号令臣民,那么,君主自己又由谁来监督呢? 要求君主寡为,君主一味纵欲怎么办呢? 要求君主纳谏,君主杀死谏者怎么办呢? 要求君主听从天命警告,君主视而不见又怎么样呢? 在封建社会里,上级官吏有权对下级官吏实行法律制裁,也许甚至偶尔还可以做到:"王子犯法与庶民同罪。"但是,却从没有实行过"君主犯法与庶民同罪"。封建地主阶级对君主可以实行这样或那样的监督,就是没有实行法律监督,因而这种监督不可能有效的。在封建社会里,君主是法;在资本主义社会里,法是君主。两相比较,可以明白,封建政治制度根本缺陷之所在了。我们通常说,封建政治制度是君主独裁,而这种君主独裁的本质内容就是:君主本身就是法,不受任何法律的约束。

# 三　专制主义统治与臣民的心理状态

中国思想史上的法家是以主张法治而得名的。

法家以法治反对儒家的德治。认为"奉法者强则国强,奉法者弱则国弱"。法治之所以能兴邦,在法家看来,是因为法治最公正,即如韩非所说:"能去私曲而就公法者,民安而国治;能去私行行公法者,则兵强而敌弱。"因此,法家以"法不阿贵","刑不避大臣,赏善不遗匹夫"(《韩非子·有度》)而自誉。

其实,儒家主张德治不是纯粹的德治,法家主张法治也不是纯粹的法治,都是德、法兼而用之。所不同者,儒家强调德治,法家强调法治,两者侧重点不同而已。自秦王朝以后,儒家逐渐取得独尊地位,从而在漫长的中国历史上德治淹没了法治,使中国成为缺乏法治传统的国家。今天,我们都明显地感觉这一缺憾。

在我们对法家的法治给一定的肯定的同时,必须指出法家的法治,不是民主的法治,而是十足的专制主义的法治。

无论法家怎么鼓吹法治公正,"不阿贵",但是,法家却让法在君主面前却步:不是法治约束君主,而是君主独揽法权;不是法大于君主,而是君主超乎法之上。这就是君主专制的法治的本质特征。

韩非说:"事在四方,要在中央,圣人执要,四方来效。"(《韩非子·扬权》)这是韩非主张专制主义中央集权的简要概括。"圣人执要",这里所说的"圣人"是指最高当权者,这里所说的"要",就是指"法"。

为什么君主掌握了法就抓住了要害呢?这是因为"人主而身察百官,则日不足,力不给。且上用目则下饰观,上用耳则下饰声,上用虑则下繁辞"。所以为了弥补这三个"不足",故君主要"舍已能,而因法数,审赏罚"。(《韩非子·有度》)

简单地说,"法治"就是君王按照法实行赏罚。赏与罚是儒家德治的"二柄",也是法家的"二柄"。所谓"执要",就是君主要独握"二柄"而"自用",不假予任何人。(《韩非子·二柄》)韩非提出去"五壅"(《韩非子·主道》),防"八奸",都是企图杜绝君主失其"要"。"所谓亡君者,非莫有其国也,而有其者,皆非己有也。"(《韩非子·八奸》)这就是说,君主不执法治之要,有国也等于无国,不是亡国之君同于亡国之君。

应该说,法家的法治思想是不完备的。例如,法由谁来制定?按照什么程序制定?都被忽视了,未做任何阐述,只是一味强调君主独执法要。这就必然将制法权、执法权都集中于君主。这样的君主对臣民自然握有一切生杀予夺之权。法管不了他,而他高于法、大于法,他就是法的化身。这样的当权者无疑是专制主义的独裁者。

　　这样的拥有至高无上权威的君主最容易滥用权力,自己作法自己违法,最容易感情用事偏听偏信,为结党营私和盗窃国柄的"当涂之人"所包围。因而,也就最需要"智法之士"向他急言直谏,借以匡正君主的错误处置。但是,臣下与具有权威的君主,最难相处,最难沟通思想,最难对话。"伴君如伴虎",言行稍有大意之处,便遭杀身之祸。为此,韩非所作名篇《说难》。

　　韩非将君主比作龙,龙"喉下有逆鳞径尺,若人有婴之者,则必杀人矣"臣下向君主进言如"婴逆鳞",是多么危险呀!韩非在《说难》中列举了可能发生的七种杀身之危险和八种猜疑。

　　七种"身危":(1)无意中点破了君主内心的机密者,"身危";(2)察知君主借一种公开的行动以掩饰内心的另图者,"身危";(3)猜测到君主内心的谋划而有泄密之嫌者,"身危";(4)与君主感情不深而进言奏效者,"身危";(5)借宣扬"礼义",以抖出君主毛病者,"身危";(6)谋略得当君主独占其功而知其谋者,"身危";(7)要君主做他不愿做的事,要君主停止他不愿停的事,"身危"。

　　八种猜疑:(1)与君主议论大臣有离间之嫌;(2)与君主谈论左右侍从有炫耀自己权势之嫌;(3)夸奖君主所爱有找靠山之嫌;(4)谈论君主所恶者有试探之嫌;(5)说得直截了当有笨拙之嫌;(6)说得细致周详有琐碎之嫌;(7)陈述简略有胆怯之嫌;(8)畅所欲言有傲慢不恭之嫌。这八种猜疑同样也埋伏着杀机。

　　七种"身危"和八种猜疑,不得不将进言者置于"说难"的境地。左右为难吗?不够;是"八面埋伏"的难吗?也不够。按照韩非的说法,应是面临十五种杀机的超级之难。

　　处在这样困境中,既要进言又要避免杀身之祸,怎么办呢?韩非就要进言者在君主面前讲假话、讲违心话。在这方面韩非列举了十三种：

第一，进言者应夸赞君主自己认为得意的事情，掩盖他认为羞耻的事情；

第二，君主急谋私利，进言者应将私利说成合乎公义，并纵容他大胆地去干；

第三，君主有卑下的念头，想干而又有所顾忌，进言者就要故作姿态，抱怨他为什么不去干；

第四，君主想做实际做不到的事，进言者不要硬顶，而是揭示这件事的缺陷，称赞他不去做的明智；

第五，君主想要夸耀自己的才智，进言者就应为他自逞才智提供依据，而不要假装不知道；

第六，进言者要为人说情，既必须用好的名义加以阐明，又要暗示此事合君主私利；

第七，进言者要劝阻君主做危害社会的事，不仅要说明做此事定遭议论，而且还要暗示此事有害于君主本身；

第八，假如君主不喜欢露骨的赞誉，进言者就赞誉与君主思想行为相同的另一个人，借以达到间接赞誉的目的；

第九，假如有人跟君主有同样卑污的行为，进言者必须毫不含糊地加以掩饰，说他没有什么过失。借以达到间接为君主饰非的目的；

第十，假如有人跟君主遭到同样的失败，进言者必须否认有什么失败，借以达到间接挽回君主面子的目的；

第十一，君主在夸耀自己的能力时，进言者就不应劝他做办不

到的事,以免让他露马脚;

第十二,君主自以为勇于决断,进言者就不要揭他在这方面的短处;

第十三,君主自以为谋略高明,进言者就不要指出他在谋略方面的失措而使他困窘。

韩非教人在不同的场合讲不同的假话、违心的话之后,他却做了一个重要的申明。他说:"今以吾言为宰虏,而可以听用而振世,此非能仕之所耻也。"即是说,假话将我们的言论看成是教人在君主面前做奴隶,低三下四地讲假话、讲违心的话。然而,只要这样做能达到振世救弊的目的,就不算耻辱了。

韩非认为君主的周围有两种人,一是"当涂之人",一是法术之人。这两种人为了取得君主的信任,都要讲假话、讲违心的话,也可以说在君主身边没有不讲假话、违心的人。所不同者,只是一为私利而为,一为"振世"而为。韩非支持后者,反对前者,这大概就是韩非还不算心术不正之类的缘故吧!

讲假话、讲违心的话,不敢讲真话,是出于怕,而在操一切生杀予夺之权的专制君王面前又不可能不怕。因而,从这个意义上说,讲假话、讲违心的话的根子在于对专制主义的畏惧。韩非写《说难》,公开传授讲假话、讲违心的话的技巧,鼓励以"振世"为目的的法术之士用讲假话、讲违心的话的技巧去与专谋私利的"当涂之人"争夺君主的信任。可谓用心良苦矣!

法家思想,虽然在中国历史上不居统治地位,但韩非宣扬讲假话、讲违心的话的技巧在中国却有生存的土壤,因为中国被专制主义统治了几千年。以后,专制主义制度虽然被打翻了,但是,它的影响还很深。

　　看来，讲假话、讲违心的话，不完全是个人的品质问题，还有一个更重要的社会制度问题。中国古代社会官场上盛行讲假话、讲违心话之风，实质上是畏惧专制独裁的心理状态的表现。

# 四 陶渊明"猛志"的继承与变异

"猛志固常在"吗？

陶渊明一生，经历了家居—出仕—归田三个阶段。从这三个阶段的嬗递发展，大略可见陶渊明"猛志"的承继性与变异性。

青少年时期的陶渊明并不是小老头，他和一般年轻士子一样，有豪情也有猛志，还自信有将之付诸实现的勇气和力量。他心中的歌是："少时壮且厉，抚剑独行游。""猛志逸四海，骞翮思远翥。"但年轻的心也幽幽地发出另一种曲调："少无适俗韵，性本爱丘山。"这两种风格不一的曲调，在陶渊明的心灵深处是矛盾的统一。因为"猛志"有多种，也可有"无适俗韵"的"猛志"。"爱丘山"是个性自由的寄托，而追求个性自由正是"猛志"的重要内容之一。同中有异，异中有同。然而，这两种意向，毕竟还是有差异的。"少时壮且厉"，陶渊明的青少年时代，当然是以激昂慷慨的格调为主要倾向的。

陶渊明后来几次出仕，但他说"畴昔苦长饥，投耒去学仕"，做官是为穷所逼。在那种把官看作无上荣耀的社会,抽掉了当官的志向,还谈得上什么"猛志"?从小"爱丘山"的人,怎么会有"猛志"?这是一般人的思想逻辑。而陶渊明的奇特之处,就在于他背离了常人的思想逻辑,不将自己的"猛志"与当官混为一体,更不把出仕作为实现自己"猛志"的唯一途径。

由"性本爱丘山"到被迫"投耒去学仕",陶渊明别别扭扭上了路,别别扭扭当了五六年官,精神的折磨比身体的折磨更痛苦。陶渊明,将动乱不已的社会和污浊不堪的官场,视为"樊笼""尘网",这与他真率、自然、纯朴的本性格格不入。官场社会,与他"相违""多忤",在这里他无立足之地。"五斗米"何足惜?"悟已往之不谏,知来者可追",迷途知返还来得及。于是他,依然离开污浊的官场和乱哄哄的社会,走得痛快,一去不回。陶渊明从官场彻底退下来了,他不再想当官了,彻底不想了。朱熹说得好:"晋宋人物,虽曰尚清高,然个个要官职。这边一面清淡,那边一面招权纳货。陶渊明真个是能不要,此所以高于晋宋人物。"

然而这一退,他的"猛志"还在吗?"志"固然在,可是"猛"不见了。从这方面看,可以说是"此心稍已去"也。鲁迅先生说:陶渊明有"猛志固常在"一面,也有"悠然见南山"的一面。自从他弃官归田后,"悠然见南山"的一面,自然就升起了。陶渊明年轻时血气方刚,每见不平心不平。后来踏入社会,在官场混过了,一切看得多了惯了,心情也就平静了下来。他回归田园后,在农村过着且耕且读,以诗酒为伴的生活,处在湖光山色之中,受着大自然的陶冶,这样的环境,这样的情趣,如何"猛"得起来呢?

归田后的陶渊明,第一步是求自食其力。他在《西田获早稻》

诗中写道:"人生归有道,衣食固其端。孰是都不营,而以求自安?"陶渊明是否完全自食其力且作别论,而他能够想到这一点就极不容易,这表明他不愿意做一个剥削者,不愿当那种压迫和剥削人民的官老爷。第二是避开喧闹的官场,不愿再"心为形役","行者无津","颇回故人车",都是陶渊明所企求的。有诗,有酒,有山水,有"近邻",有朴实的农民为友,他并不感到寂寞孤独,而是感到"复得返自然",他的一颗"童心"复归了。第三是安贫乐道,"甘贫贱以辞荣"。清贫的生活,是自己选择的,他自然是安心的。

归田之初,田园生活也确实给了陶渊明不少乐趣。当时,陶渊明的家庭经济还可以,"开春理常业,岁功聊可观",自给自足而且还有余。这种田园生活,自然是他感到悠然自得,所以他唱出了"采菊东篱下,悠然见南山"这样的绝句。这个时期的园田居,不仅没有什么痛苦,而且是甜滋滋的,他慢悠悠地品尝其中之道说:"此中有真意,欲辨已忘言。"这里所说的"真"就是"道"。至于"道"是什么?缥缈得很,陶渊明自己似乎也说不清。真的说不清吗?也不见得。不过,真的是,人隐了,"道"也隐了。不是不存在了,而是躲在后面去了,表现形式改变了。它不在于文字上,而在于陶渊明所恪守,并且身体力行自己实践的"道"中。

"四体诚乃疲,庶无异患干。"自食其力,远离市井官场,没有你争我夺尔虞我诈,虽然苦一点但无祸患侵凌。陶渊明对这种田园生活心满意足,"但愿如此"。然而,这种桃花源式的田园之乐是不可能长久的,陶渊明归田的后期遭到了厄运,由于天灾人祸的袭击,"收敛不盈廛"。"凄厉岁云暮,拥褐曝前轩","倾壶绝余沥,窥灶不见烟",这样凄惨的处境,要"安贫乐道"是极难极难的。"宁固穷以济意,不委曲而累己",陶渊明却以超人的思想和毅力与贫困抗争,仍然居贫守道穷且益坚。虽然也愠忿,但他大体还能调整自己失去平衡的心理,"贫贱常交战,道胜无戚颜","何以慰吾怀,来古多此贤",便是他固穷守真的写照。

陶渊明不仅顶住了贫困,而且在贫困的剧烈煎熬中思想产生了飞跃。生活教育了他,是他认识到现实中的"桃花源"不可能存在。心目中的"桃花源"在哪里?只能在世外。所以,他写下了名篇《桃花源记》。他反暴政,反不了;在现实中,避也避不了。只有隐居到与现实完全隔离的桃花源"绝境"中去。那里无政府无官吏,无剥削无压迫,"有良田、美池、桑竹之属",人们自种自收,不需缴纳赋税,个个过得怡然自乐。所以,历来人称陶渊明在《桃花源记》中表达的理想是"世外桃源"。可见无论怎么艰难困苦,陶渊明从未丧"志",只是表现形式不同而已。有时,他将"志"藏在"悠然见南山"背后,这正是"猛志固常在"与"悠然见南山"的矛盾统一的表现。

《桃花源记》中所表达的理想,有美好的一面,也有落后的一面,而主要是寓美好于落后;有抗争现实的一面,也有超脱现实的一面,而主要是寓抗争于超脱;因而,追求美好,抗争暴虐,是其基本精神,从主导方面来说,是陶渊明"志"的升华,我们无权苛求古人,我心中留下的只有赞美!

# 五  郑板桥的怪

扬州八怪之一郑板桥，"康熙秀才，雍正举人，乾隆进士"，自50岁起，做了12年七品县官，61岁后落拓民间。以卖字卖画度日。画、诗、书是板桥的"三绝"。他作为多才多艺的文人的名气远远盖过了他的七品芝麻官，是中国文化史上不可多得的名人，是中国传统文化一朵永开不败的鲜花，他的名字与他的画、诗、书一同流传千古。

说郑板桥怪，怪在何处？怪就怪在他狂。

自述："板桥幼随其父学，无他师也。幼时殊无异人处，少长，虽长大，貌寝陋，人咸易之，又好大言，自负太过，谩骂无择。诸先辈皆侧目，戒勿与往来。"这大概就是郑板桥的狂状吧。

"束狂入世犹嫌放，学拙论文尚厌奇。"后来涉世深了，力求自我控制，"不求发泄，不畏凋残"。不管怎么样，骨子里仍少不了狂。有时失控，那就狂得无可奈何了。有一次，他按捺不住狂劲，写《沁园春》一首：

花亦无知，月亦无聊，酒亦无灵。把夭桃砍断，煞他风景。鹦哥煮熟，佐我杯羹。焚砚烧书，椎琴裂画，毁尽文章抹尽名。荥阳郑，有慕歌家世，乞食风情。

单寒骨相难更，笑席帽青衫太瘦生。看蓬门秋草，年年破巷，疏窗细雨，夜夜孤灯。难道天公，还箝恨口，不许长吁一两声？颠狂甚，取乌丝百幅，细写凄清。

郑板桥平时告诫自己不要"发泄"，这次借写这首词痛痛快快地发泄了一通。"毁尽文章抹尽名"，真是"颠狂甚"。

这首词的主题是"恨"。狂与恨是联系在一起的。有狂就有恨。恨是产生狂的根源。

"得志泽加于民，不得志修身见于世"，这两句话表达了郑板桥一生的抱负。他50岁时当县令，假如说这时"得志"的话，也得志得太迟了。在这之前家境贫寒，四岁丧母，30岁丧父，寒窗苦读，科举考试，略尝人间艰苦。即使当了小县令，也当得不是滋味。他曾写道：

十年盖破黄绸被，尽历遍，官滋味。雨过槐厅天似水，正宜泼荒，正宜开酿，又是文书累。　　坐曹一片吆呼碎，衙子催人装傀儡，束吏平情然也未？酒阑烛跋，漏寒风起，多少雄心退！

当官把他当得心灰意懒，他早就想掷掉乌纱帽。后因为民请赈得罪了大吏而被罢官,于是他就自此以后放浪江湖,以湖光山色和画、诗、字自娱,实际上心中很不平静。

坎坷的经历,使他产生了恨。

涉世之后,郑板桥知道了要实现自己的"得志泽加于民,不得志修身见于世"的抱负是极艰难的。他说,现今的知识分子,"一捧书本,便想中举,中进士,做官,如何攫取金钱、造大房子、置多田产、起手便错走了路头,后来越做越坏"。当然,"束修自好者",也不乏其人,但是,"好人为坏人所累,遂令我辈开不得口,一开口,人便笑曰:汝辈书生,总是会说,他日居官,便不如此说了。所以忍气吞声,只得捱人笑骂"。郑板桥任县令12年,据载,"于民事则纤悉必周,讼事则右窭子而左富商。……无留牍,无冤民。在潍县曾开仓捐廉以赈饥民,活人无算,故潍县人民极为感戴"。"去官之日,百姓遮道挽留,家家画像以祀。并为建生祠。"但是,实际上,事与愿违,并未达到拯救贫民的目的。郑板桥常为此而内疚。他曾这样表达他的心情说:"喝道排衙懒不禁,芒鞋问俗入林深。一杯白水荒途进,惭愧村愚百姓心。"郑板桥认为当官亦无法做到泽加于民,所以,他要决然离去。

概括起来,郑板桥要弃官有以下几点原因:

第一,他在工作中碰了壁,抱负不得施展。他回顾自己官场上的遭遇时写道:"半生图利图名,闲中细算,十件常输九。"为什么老输呢?因为自己书生气十足,不会圆通,不会逢迎,不会攀高,而且绝对不学那一套,"尽把黄金通显要,惟余白眼到清贫";"此二竿者可以为箫,可以为笛,必须凿出孔窍;然世间之物,与其有孔窍,不若没孔窍之为妙也"。他宁可做赤条条竹竿,也不要"孔窍"。没有

"孔窍",直傻傻,总是被人耍弄,这就叫作:"跳尽猢狲妆尽戏,总被他家哄诱。"

第二,看透了官场的腐败。在他看来,官场上几乎没有一个干净的人。他写道:"贪者三其租,廉者五其息,即此悟官箴,恬退亦多得。"他要洁身自好,只得早早离去。

第三,无功无德,徒居官位,养尊处优,愧对天下贫民。他说:"妻孥绮縠,童仆鼎羹。何功何德,以安以荣?若不速去,祸患丛生。"

第四,看破红尘,视名利如粪土。他写《道情十首》的目的是:"若遇争名多利之场,正好觉人觉世。"道情中有这样的句子:"丰碑是处成荒冢,华表千寻卧碧苔,坟前石马磨刀坏。倒不如闲钱沽酒,醉醺醺山径归来。"结尾他写道:"风流家世元和老,旧曲翻新调。扯碎状元袍,脱却乌纱帽,俺唱这道情儿,归山去了。"寄形骸于山水,过落拓生活:"乞食山僧庙,缝衣歌妓家。年年江上客,只是为看花。"

第五,性格不宜做官。他认为,陈后主、隋炀帝"有幸而为才人,不幸而有天位",于是他吟出了:"风流不是君王派"这样的警句。实际上,他也将自己的经历和个性心理糅合进去了。他太刚直了。传说:"粤中有蛇,好与人比较长短,胜则啮人,不胜则自死,然必面令人见,不暗比也。山行见者,以伞具上冲,蛇不胜而死。"郑板桥以《比蛇》为题目诗曰:"好向人间较短长,截冈要路出林塘。纵然身死犹遗直,不是偷从背后量。"他称赞比蛇"不是偷从背后量"的性格,实际上也表露了他自己"屈强不驯"的秉性。又写有著名的《竹石》诗:"咬定青山不放松,立根原在破岩中。千磨万击还坚劲,任尔东西南北风。"更是他的自我写照。他反复对家人说,待人要宽容厚道,乃至达到善恶不分的地步。他说:"平生最不喜笼中养鸟,我图娱悦,彼在囚牢,何情何理,而必屈物之性以适吾性乎!……夫天地生物,化育勋劳,一蚁一虫,皆本阴阳五行之气,氤氲而出,上帝亦心心爱念,而万物之性人为贵,吾辈竟不能体天之心以为心,万物将何所把命乎?"又说:"蛇蚖蜈蚣豺狼虎豹,虫之最毒者也,然天既生之,我何得而杀之? 若必欲尽杀,天地又何必生?"至于对恶人,更在他的宽容之内了,他曾写道:"夫彰善瘅恶者,人道也;善恶无所不容纳者,天道也。"他是奉信比"人道"更高的"天道",他太清高了。郑板桥活到 73 岁,画了 40 多年的竹,这最能寄托他的清高和情趣。

　　十笏茅斋,一方天井,修竹数竿,石笋数尺,其地无多,其费亦无多也。而风中雨中有声,日中月中有影,诗中酒中有情,闲中闷中有伴,非唯我爱竹石,即竹石亦爱我也。彼千金万金造园亭,或游宦四方,终其身不能归享。而吾辈欲游名山大川,又一时不得既往,何如一室小景,有情有味,历久弥新乎! 茅屋一间,新篁数竿,雪白纸窗,微浸绿色。此时独坐其中,一柱芽庄香,一盏雨前茶,一方端砚石,一张宣州纸,几笔折枝花,朋友来至,风声竹响,愈喧愈静;家僮扫地,侍女焚香,往来竹阴中,清光映于画,绝可怜爱。何必十二金钗,梨园万辈,须置身于清风静响中也。

郑板桥画竹最多,题竹也最多。在众多的题词中,出现多的词是：

清癯——其吾之清癯雅脱乎；

清瘦——写取一枝清瘦竹；

清光——清光留此照摊书；

清风——一般落落有清风；

绿茵——一片绿茵如洗；

青翠——一团青翠影离离；

青绿——满林青绿翠云湾；

坚韧——千磨万击还坚韧；

拂尘——栽竹拂枝,拂尘洒露。

诗云："四十年来画竹枝,日间挥写夜间思。冗繁削尽留清瘦,画到生时是熟时。"郑板桥别无他求,只需留下"清瘦",苦乐都在其中。如此等等,怎不足以表达他的清贫的一生呢？


　　有所恨,必有所爱。

　　衙斋卧听萧萧竹,疑是民间疾苦声。

　　些小吾曹州县吏,一枝一叶总关情。


　　小小的一首诗,对贫苦人民寄托无限深情,这就是郑板桥的爱。他当官,时时刻刻惦记着人民,他看破红尘寄形骸于山水之间,也不忘掉人民,他曾说："凡吾画兰画竹画石,用以慰天下之劳人,非以供天下之安享人也。"即是凡画一兰一竹一石,无不关情于人民。郑板桥的《逃荒行》,写逃荒人饿得皮焦骨折："不堪充虎饿,虎亦弃不取。"《还家行》写改嫁妇女归故夫的悲惨的情景。"其妻闻夫至,且喜且彷徨。大义归故夫,新夫非不良。摘去乳下儿,抽刀割我肠。其儿知永绝,抱颈索阿娘。"《思归行》写他自己当官无补于民要归去的心情:

> 山东遇荒岁,牛马先受殃。人食之十三,畜食何可量。
> 杀畜食其肉,畜尽人亦亡。帝心轸念之,布德回穹苍。
> 东转辽海粟,西截湘汉粮。云帆下天津,朦艟竭太仓。
> 金钱数百万,便宜为赈方。何以未赈前,不能为周防?
> 何以既赈后,不能使安康?何以方赈时,冒滥兼遗忘?
> 臣也实不材,吾君非不良。臣幼读书史,散漫无主张。
> 如收败贯钱,如撑断港航。所以遇烦剧,束手徒周章。
> 臣家江淮间,虾螺鱼藕乡。破书犹在架,破毡犹在床。
> 待罪已十年,素餐何久长。秋云雁为伴,春雨鹤谋梁。
> 去去好藏拙,满湖莼菜香。

郑板桥的爱、恨、狂,是一个有序的整体。有了爱,才有恨;有爱与恨的撞击,则有狂。郑板桥的爱,恨,狂,与整个社会不协调,故称之为:"怪。"怪,是郑板桥爱和恨的表现形式,是郑板桥个性心理表现形式。

鲁迅说:"横眉冷对千夫指,俯首甘为孺子牛。"这写照了鲁迅自己,也概括了中国优良传统。可以说,那些堪称中华民族脊梁的人,都有这么点"怪"。源远流长,几千年一脉相承。今天仍要发扬它。

郑板桥的怪,固然与他的家庭出身、个人经历分不开。我觉得还有一点值得注意,就是因为他的治学方法、治学态度和知识结构与众不同。

郑板桥不仅酷爱读书,而且有异乎寻常的钻研精神。郑板桥自己说:"读书能自刻苦,自愤激,自竖立,不苟同俗,深自屈曲委蛇,由浅入深,由卑及高,由迩达远,以赴古人之奥区,以自畅其性情才力之所不尽。"他爱读书不受书的约束,而是求得自己"性情才力"的舒展。这样,"虽无帝王师相之权,而进退百王,屏当千古,是亦足以豪而乐矣"。郑板桥将书作为客体,自我作为主体,以主体去理解客体,驾驭客体,征服客体,延伸自我,他瞧不起那些没有主体意识的读书人,说他们:"不知书中有书,书外有书","为古人所束缚"而"无主张","为后世小儒所颠倒迷惑"。郑板桥读书追求的是"特识"。他说:"总是读书要有特识,依样葫芦,无有是处。"郑板桥的情与理也来自书本,更主要是社会和他个人的经历赋予他的判断力。他曾写诗云:

> 英雄何必读书史,直摅血性为文章。
> 不仙不佛不贤圣,笔墨之外有主张。

郑板桥尤其是不受当时占统治地位的儒家学说的束缚,他说:"平生不治经学,爱读书史以及诗文词集,传奇说簿之类,靡不贤究,有时说经,亦爱其斑驳陆离,五色炫烂。以文章之法论经,非六经本根也。"

郑板桥的治学方法、治学态度是奇特的,知识结构也是奇特的。他的知识有书本的,有社会实际的,更主要是社会实际的。就他的书本知识而言,尤其与一般知识分子不同,"不治经学",不以"六经"为"本根"。可以说郑板桥的知识是非正统的,因此,他的思想行为必然与社会正统相悖异。这不能不说是郑板桥之所以怪的重要原因。

# 后 记

天佑长逝,托体山河。

拙妻拭泪,哀诉后记。

——陈翠姬

## （一）

谢天佑,1932 年 3 月出生于湖北省黄梅县小池镇刘佐乡胡营村一个私塾先生的家庭。从小天资聪颖,酷爱读书。早年在父亲的庇翼下尚能一心学习,后来家乡遭水淹,父亲过早去世,为了不辍学,他没有跟家里任何人打招呼,便背了一条破棉絮,偷偷外出求学了,这时他才 14 岁。

先在九江中学、庐山中学读书,后又考入食宿免费的九江师范学校。在历史教师何素梅的引导下,他开始对历史学发生浓厚兴趣。他在九江师范加入了青年团。1952 年毕业时,因品学兼优被保送进入华中师范学院(今华中师范大学)历史系学习,在大学四年中,他是校先进班级的团支部书记,被评为校优秀团员,加入了中国共产党。毕业后进入华东师范大学中国通史研究班深造。1957年1月,留校从事中国古代史的教学和研究工作。此后30余年,他以独立思考、自强不息的精神,闯出了一条富有鲜明个性的研究历史的道路,取得了一系列学术界瞩目的成绩,成为有相当高声誉的中年马克思主义史学家。

天佑在进入大学以后就孜孜不倦地研读马克思主义经典原著,理论基础扎实,因此他的史学研究有理论思辨的风格,善于从宏观上、理论上看问题,富有现实感。《封建社会的公社形态问题》(《历史教学问题》1957年第5期)是他发表的第一篇论文,以后又发表了《关于中国古史分期的若干基本问题的讨论》(《学术月刊》1959年第10期)、《关于历史人物评价的若干理论问题》(《学术月刊》1960年第1期,与人联名)。这几篇早期发表的文章,反映了他史学研究从一开始就具有浓郁的马克思主义理论思辨的色彩。60年代初他开始进入中国农民战争史研究领域,80年代初转向中国经济与经济思想史的研究。生前的最后二三年,他潜心研究中国古代臣民心理。直到他突然中风前,书桌上还摊着他打算加紧写完的这本书稿,他为史学研究贡献出了毕生的精力和最宝贵的年华。

天佑从事中国农民战争史研究的时间最长,从1962年在《新建设》第二期发表的第一篇农民战争史研究论文《试论孙恩、卢循起义的性质》算起,20余年中,共发表了30篇农战史研究的论文,主编出版了一部颇有特色的农战史研究专著——《中国农民战争简史》(上海人民出版社 1981 年 9 月第 1 版)。在农战史的研究中,他被认为是一个流派的代表人物。他的主要观点如下:

一、农民战争反对不反对封建制度?他认为农民战争自始至终自发地反对封建制度。尽管农民阶级不能自觉地将封建作为一个制度来反,但是,在客观的革命实践上总是反封建制度的。不理解封建制度,不等于不反对它,实践与认识既有联系又有区别,不能将两者完全等同起来。

二、皇权主义问题,他认为皇权主义是在一定的条件下,农民对封建皇帝本质认识不清,从而产生的"好皇帝"思想,具体表现就是反对地主、官吏,不反对皇帝。这种思想不是农民阶级的阶级本质表现,是受地主阶级思想影响的结果。皇权主义思想对农民的影响,不同的国家、民族,不同的起义、不同的起义阶级,程度是不同的。

三、平均主义问题。他认为平均主义思想在封建社会里是"最革命的思想",有积极作用,也有它的局限性,这是由它的内在矛盾决定的,即维护小私有制与实现无剥削无压迫的良好愿望之间的矛盾;反对封建土地所有制为资本主义发展扫清道路与小生产阻碍资本主义大生产发展之间的矛盾。

四、农民政权问题。他认为封建社会里可以建立不稳固的农民政权。农民政权存在向封建政权转化的可能性,但这种转化是有条件的、存在斗争的,而不是无条件的。

五、农民阶级的阶级性问题。他认为农民阶级有反封建的革命性和维护小私有的保守性。农民阶级的不同阶层,革命性的表现也不同,农民阶级的革命性既彻底又不彻底。从农民阶级与地主阶级之间矛盾不可调和看,农民阶级反对地主阶级的斗争是彻底的。从农民阶级未获得先进阶级领导之前不可能使革命斗争取得推翻封建制度的胜利看,又是不彻底的。这两种提法不能混淆,不然,就会将不彻底性理解为妥协性、投降性。

六、农民战争的作用问题。他认为农民战争的作用可从两方面去阐述:一是革命暴力打击封建统治,局部地改变了阶级关系状况的直接作用;二是农民起义对新的封建王朝执行什么政策起的间接影响作用。而每次农民起义的具体作用,还应具体分析。有时农民起义之后,社会经济发展了,有时农民起义之后,经济并不一定发展。他还指出,在评价农民起义的作用时,眼光不能只局限在经济上,还要注意革命阶级本身的发展、革命经验的积累、思想认识的提高。关于"动力"的提法,他主张:阶级斗争是直接动力,生产斗争是根本动力。

七、起义军内部路线斗争问题。他认为农民阶级不同于无产阶级,从来制定不出一条正确的路线,谈不上正确路线与错误路线的斗争,投降路线与反投降路线的斗争则是存在的。

八、中国农民战争史的发展阶段问题,第一阶段秦汉三次农民起义。这一阶段还存在反奴隶制残余的任务,反映封建社会初期的特点。第二阶段黄巾起义以后至黄巢起义。这一阶段农民起义的特点是反对人身依附关系。第三阶段是黄巢起义以后至明末农民起义。这一阶段的农民起义都提出了平均主义的纲领口号。第四阶段是太平天国革命,它是旧式农民革命的高峰。他认为划分农民起义阶级的标志应该是起义军所提出的口号。(以上见《中国农民战争简史》前言)以上是他对于中国农民战争史的基本看法,也就是他研究中国农民战争史的理论体制。他还反复强调:"中国农民战争史的研究必须以马克思主义阶级斗争学说为指导,对马克思主义阶级斗争学说的理解准确与否,是中国农民战争史的研究能否健康发展的关键。""要坚持马克思主义方向,除了排除错误的政治路线干扰外,还必须在理论认识方面克服左的或右的偏向,在不断克服左右偏向中,以求达到准确掌握和运用马克思主义阶级斗争学说。"(《马克思主义阶级斗争学说与中国农民战争史研究》,《学术月刊》1983 年 3 期)

天佑从 60 年代开始就提出:中国农战史研究要打开新局面,必须重视封建生产关系、土地制度、赋税制度等与农民战争的关系的研究。1982 年他在《学术月刊》第 4 期发表了《中国封建社会的再生产与农民战争的历史作用》,这是他将农民战争史与封建社会史结合起来、经济基础与农民战争结合起来研究的一篇力作,这是他农战史研究的一个转折,标志着他不仅注意以马克思主义阶级斗争学说指导农战史研究,更注重用马克思主义政治经济学的理论指导农战史研究。其他如《中国封建社会的个体农业经济和赋税》(《上海师大学报》1980 年第 2 期)、《论中国封建社会大规模农民战争周期性爆发的原因》(《华东师大学报》1983 年第 3 期)等都反映了他研究的新开拓、新深度,也启示了农民战争史研究的方向。

1986 年 4 月,天佑将他 20 余年来研究中国农战史的论文重新修改审定,选择其中有代表性的 22 篇,手订成《泥径鸿爪——关于中国农民战争史研究》论文集,他在这本集子的前言中写道:

　　20 余篇文章记录了个人对中国农民战争史诸问题的探索。既然是探索,不免有差错,有迷茫,有曲折,当然也有执着的追求。有认识的提高,回顾已逝的 20 余年,犹如赤着脚在泥泞的小径上走步,歪歪斜斜留下一串足印,实在不太美。怎么办呢? 只得由它,因为自己的历史是自己写的,还是还它本来面貌,更有实益,至于是是非非,让时间老人去评判吧! 个人别无奢望,如能给有志于农民战争史(研究)者提供一点思考的思想资料,足矣。

　　中国农民战争史作为一门专业,有时热,有时冷,是很自然的事,这本不应成为人们要不要研究和它该不该存在的理由,几千年来连绵不断的农民战争是谁也抹杀不了的客观存在,直至今日,中国仍然是农业人口众多的大国。中国农民战争史诸问题往往与农民问题交织在一起,不时被召唤到现实生活中来,吸引着人们去思考它,研究它。不承认,不理睬,行吗? 不行。往往是欲罢不能。我始终相信农民战争史这门学科是有自己的生命力的,是会向前发展的。

　　这是泥径鸿爪,坦途巨足在后头。

　　这是他对自己研究中国农民战争史的一个总结。

　　从 80 年代开始,天佑转向中国古代、现代经济及经济思想史的研究,到他逝世前,总计发表了近 20 篇这方面的论文。他的专著《秦汉经济政策与经济思想》,也已排出校样,亲自校过三校。他所以开始注重经济及经济思想史的研究,一方面是农民战争史研究深入发展的结果,另一方面也是粉碎"四人帮"以后,党和国家开始注重社会主义经济建设的社会实践的反映,发展社会主义经济建设,必须扫除阻碍经济发展的种种思想。天佑具有强烈的时代责任感,他总是要求自己跟上时代的步伐,要求自己走在时代的前头。

在中国封建社会经济及经济思想的研究中,天佑把中国封建专制主义制度的开始——秦汉社会作为突破口,发表了《西汉王朝初期的经济政策与经济思想》(《中国农民战争史研究集刊》第四辑)等一系列文章。这些论文已被他集为《西汉时期经济思想论集》,也成为他的专著《秦汉经济政策与经济思想》的基本轮廓。在这些论文中,最有影响的是《重评西汉时期重农抑商思想》(《光明日报》1984 年 10 月 3 日)。在这篇文章中,他着重分析批判了这种思想的保守性。认为:"重农抑商思想是一种形而上学的保守观,它反对商业与工农业、自然经济与商品经济的比例关系的发展变化","造成了中国古代社会商品经济的畸形发展,从而阻碍了资本主义萌芽的发展。中国封建社会之所以迟迟不能进入资本主义社会,就是因为这种畸形商品经济没有得到改造"。这篇文章提出了古代社会发展、经济发展的一个重大问题,也包含着深刻的现实意义,文章发表后引起了学术界、理论界的关注。1985 年荣获上海哲学社会科学论文奖。

天佑不仅致力于研究中国古代的经济思想,而且对现实的经济问题也具有浓厚的兴趣。1987 年秋,华东师大组织专家小组赴温州考察,他欣然参加了,回校后即一连写了《桥头人》《神奇的纽扣》《温州农民确实富了》等文,抒发考察观感。在此前后,他又以研读《资本论》的心得,写了《商品与道德——读〈资本论〉(第一卷)札记》(载《文汇报》1987 年 2 月 3 日,香港《文汇报》全文转载)、《资本生产发展的两个阶段——读〈资本论〉(第一卷)札记》(《历史教学问题》1987 年第 6 期)、《商品的断想》《发展商品经济的反思》《商品发展引起的阵痛》等一系列涉及现实经济、经济思想问题的论文。他为发展社会主义商品经济呐喊,为扫除"恐商""咒商"对商品经济的种种偏见奋力出击。他写道:

> 商品,确实是一种很难认识的怪物。古代人不认识,诅咒它偷窃了社会秩序和社会道德。近现代人自然比古人高明,但是,在它面前也免不了要产生失误和迷惘,不要说普通人,就连斯大林、毛泽东这样一代领袖人物,同样有过先误和迷惘。取得对商品经济的正确认识,不完全决定于个人的智力,而主要取决于整个人类历史经验,当人类历史经验没有达到应具备的水平,即使再伟大的天才,也免不了这种失误和迷惘,现在人类已前进到这样的当口了,正确估价和认识商品经济,建设有商品经济的社会主义社会。我们中国人正在实践着,正在实践中,取得新的认识,作出新的结论。可以预计在实践上和认识上都会有大的飞跃。(《商品经济发展引起的阵痛》)

他还提出:商品经济(Commodity Economy)、民主(Democracy)、科学(Science),即康先生、德先生与赛先生应该同步发展。他认为:

有资本主义的商品经济,则有资本主义的民主;有社会主义的商品经济,则有社会主义的民主。商品经济发展到什么程度,民主也发展到什么程度。我们完全可以有根据地说,社会主义的民主不能建立在自然经济、半自然经济以及自然经济的变态产品经济基础上。要说我们今天建设社会主义民主还要受客观条件的限制,即主要是受商品经济不发达的限制。哪里商品经济比较发达,哪里民主空气比较浓;哪里商品经济比较不发达,哪里民主空气比较稀薄,放眼看幅员广大的中国,不正是这样吗?(《德、赛、康三先生应该同行》,《解放日报·新论》[未定文稿]第 143 期,1987 年 12 月 20 日出版)

"德、赛、康三先生应该同行!"这是一个极有理论气魄的口号。这个口号渗透着天佑对祖国真挚的情意,对时代变动敏锐、深刻的感受。

天佑多年来一直打算写一部《传统农业与古代中国》,提纲已经拟定,兹录如下:

序

第一章　农业的地理环境

第二章　农业经济的历史价值

第三章　农业经济结构

第四章　农业的经营方式

第五章　农业发展演变的动因

第六章　农业发展的阶段性

第七章　农业经济与工商业经济

第八章　农业经济与农民阶级

第九章　农业经济与地主阶级

第十章　农业经济与传统的经济思想

第十一章　农业经济与中国古代社会的兴衰

**他还打算写一部《中国封建社会经济论纲》,提纲如下:**

一、封建的地产权

1.从奴隶制到封建制的过渡

2.按权力大小进行土地再分配

二、所有制的双轨运转

三、赋税结构与地租的转换

1.赋税结构

2.地租的转换

3.剥削率

四、经济的基本形态——自给自足的自然经济

1.农业是本

2.地主剥削佃农的经济

3.政府剥削自耕农的经济

4.地主经济

5.政府经济(集中化、实物化、封闭化"平均主义)

6.生产与消费的循环与中断

7.强制与商品的对立

五、补充的经济形态——各种商品经济

1.商品经济存在的条件

2.农民与商品经济

3.地主与商品经济

4.政府与商品经济

5.区域差异与商品经济

6.民族差异与商品经济

六、城市经济的特点、地位、作用

1.与西欧比较

2.政治中心,消费经济

3.封建桥头堡

4.剥削农村阻碍商品经济发展

5.三位一体的政治力量

七、政权形式与反作用

1.中央集权扼杀地方经济的发展

2.王权不属于进步势力

3.不容第三等级的出现

八、思想意识形态

1.几千年来统一的主导思想与多样的补充思想的格局不变

2.哲学上以折衷应变

3.伦理上以等级的天然性掩盖不平等

4.在经济思想上坚持重农抑商

九、进入新时代的艰难的跨步

1.几度丧失了跨步的时机

2.丧失时机的原因

3.不丧失时机的时机

　　这个提纲,密密麻麻地写在一张活页纸的正反两面,还有大量的批注和修改意见,并将参考《资本论》第一卷的那几页,都批注在每章节的边上。在这个提纲的题目下写着:

（初拟）1987 年 10 月 23 日拟

　　他还常常对人说:"资本主义、社会主义的政治经济学都有了,而封建社会的政治经济学还没有,我要写一部《中国封建社会政治经济学》。"他多次对我们家里的人说:"我能把我想要写的书都写完,我活得就够本了。""我每天都有干不完的事,我的时间太少了。"呜呼! 天公不公! 他走得太突然,太匆忙! 他的富有开创性、建设性的许多打算还没有完成,他没有活够本呀! 国家、人民、史学界、理论界是多么需要他啊!

　　为了更深刻地了解中国,天佑生前曾打算到国外去看看,去了解外国,去与同行交流。但由于环境的局限,几次机会都莫名其妙地失去了。他没有灰心,时常抽空读英语,至他去世时,已积累了 5 斤重的英文读书笔记。他去世后一周,美国的一个学术团体发来邀请信,请他去讲学。可惜迟了。这也可以看出他的学术成就已引起了国际上的注意。

## （二）

天佑为什么要写《专制主义统治下的臣民心理》这本书？原因是多方面的。

天佑在研究农民战争史的过程中，已经注意研究皇权主义、平均主义对农民思想及心理的影响；在研究经济、经济思想的过程中，已经注意研究人们的商品意识、商品道德，已经注意研究封建专制主义统治对商品经济发展的影响。这些实际上已经开始触及"专制主义"和"臣民心理"的问题。他认为一个封建统治者，最关心的是镇压农民起义、管理财政经济、驾驭臣僚三件事。这三件事成为古代社会的重心，要把古代社会研究好，就必须将这三者结合起来作整体的、全方位的研究。

研究臣民心理的主题，是批判封建专制主义，是荡涤封建专制主义在现实生活中的种种污垢。经过"十年动乱"，封建专制主义的残余及其危害，被越来越多的人所认识。人们都说"四人帮"败坏了党风、社会风气，这是对的。但这只是表面现象。如果追根寻源，究其实质，就不难发现，是封建专制主义的毒素在危害人的心灵，在败坏党风、社会风气。天佑认为："封建专制主义统治影响着中国国民心理，加强这方面的研究对中国国民性的认识是不可少的。"

天佑写这本书还有一个发展过程，1978年天佑开始注意批判封建专制主义及其影响。在这一年11月召开的中国农民战争史学术讨论会上，他组织了《批判文化专制主义，贯彻百家争鸣的方针》的发言。

1979 年,他在《民主与法制》第 3 期发表了一篇《"腹诽罪"》读史札记式的小短文,写了汉武帝时期的一件事:

一次,颜异与来客交谈,客人说,朝廷最近刚刚颁布一道诏令,"有不便者",颜异听了此言,"不应",只是微微动了一下嘴唇。后被人告发到廷尉张汤那儿。张汤禀奏汉武帝说:"异为九卿,见令不便,不入言而腹诽,论死。"于是,廉直的颜异死于"腹诽"罪名之下。

文章接着写道:

司马迁对颜异之死,很悲愤,他写道:"自是之后,有腹诽之法比,而公卿大夫多诌谀取容矣!"这"之后"延续得多久,是司马迁怎么也想不到的。

这篇读史札记揭示和批判了封建专制主义的独裁性、随意性,一个封建统治者定人的罪名、杀人的头,是可以不必根据其言行的。这自然造成"公卿大夫多诌谀取容"。而且,这种专制政治、臣民心态一直延续了难以想象的长时间。

1980 年 11 月 19 日《解放日报》发表了天佑的《"鄙人不知忌讳"》读史札记。文章中写道:

不知忌讳的精神诚然可贵,但在那为尊者讳的时代,不知忌讳者,实在危险呀!那时,不知忌讳者的命运如何?完全取决于君主,君明,则言听计从,得到重用;君昏,则脑袋搬家,株连九族,祸莫大焉!在封建社会里,昏君毕竟多于明君,像文帝那样能克制自己的情感而不滥用自己的权威的皇帝能有几个呢?像冯唐那样不知忌讳而被无辜杀害者又何其之多呢?为什么造成这种状况呢?因为在那个时代里,君主就是法,大于法,高于法,他杀人是凭着自己的喜怒哀乐,而不受任何法的制约。杀对了,固然是好事,杀错了,不受任何法的追究,他照样可以做他的至高无上的君主……由此可知,那些不知忌讳的仁人志士,倘若将命运系于所谓"人主圣明"的上面,终究是极不牢靠的,以古鉴今,亦如是也。

这篇文章摆脱了含蓄,公开点明了专制主义统治的特点就是"朕即法"的独裁性、"凭喜怒哀乐办事"的随意性、"不受任何法制约"的不可监督性。这更有理论的深度了,对专制主义统治的揭露、批判更鲜明了。

1981年天佑在《华东师大学报》第3期上发表了《封建政治制度的一个根本缺陷——读〈说苑·君道〉》。这篇文章对封建专制统治的认识和揭示又加深了一层。文中指出:

历史证明,任何一个阶级对本阶级的政治代表,都必须实行监督,而各个阶级监督的方式是不一样的,且有先进落后之分,封建地主阶级的一般官吏是实行自上而下的监督,郡太守统辖县老爷,中央管地方,君主号令臣民,那么,君主自己又由谁来监督呢?要求君主寡为,君主一味纵欲怎么办呢?要求君主纳谏,君主杀死谏者怎么办呢?要求君主听从天命警告,君主视而不见又怎么办呢?在封建社会里,上级官吏有权对下级官吏实行法律制裁,也许甚至偶尔还可以做到"王子犯法与庶民同罪",但是,却从来没有实行过"君主犯法与庶民同罪"。封建地主阶级对君主可以实行这样或那样的监督,就是没有实行法律的监督,因而这种监督不可能是有效的。在封建社会里,君主是法;在资本主义社会里,法是君主,两相比较,可以明白,封建政治制度根本缺陷之所在了。我们通常说,封建政治制度是君主独裁,而这种君主独裁的本质内容就是:君主本身就是法,不受任何法律的约束。

这里从资本主义政治制度和封建政治制度的对比中,揭示了封建专制政治的根本缺陷就在于君主不受任何法律约束、监督,法律监督是最根本的监督,没有法律监督,任何其他监督都不可能是有效的。

天佑对封建专制政治的认识、揭露、批判逐步加深,对封建专制政治统治下臣民的心理的认识、揭露、批判也在逐步加深,这方面的代表作便是《专制主义统治与臣民的心理状态》(1986 年 7 月26 日《解放日报·新论》[未定文稿]第 129 期)。

文章指出:在专制主义统治下,"臣下与具有权威的君主最难相处,最难沟通思想,最难对话。伴君如伴虎,言行稍有大意之处,便遭杀身之祸"。韩非在《说难》中将君主比作龙,龙喉下有"逆麟径尺"，"若人有婴之者,则必杀人矣"。韩非列举了七种危险、八种猜疑,作为"婴逆麟",在这十五种蛰伏杀身之祸的超级困难面前,作为臣下该怎样进言才能避免杀身之祸? 韩非提出了讲假话、讲违心话的"伴君术"。其术有十三条:(详见附录全文)韩非认为这十三条"伴君术",只要能够"振世",就不算"耻",在分析了专制统治必然导致韩非的"伴君术"产生后,便指出:

> 讲假话、讲违心话,不敢讲真话,是出于怕,而在操一切生杀予夺之权的专制君王面前又不可能不怕。因而,从这个意义上说,讲假话、讲违心话的根子在于对专制主义的畏惧……法家思想,虽然在中国历史上不居统治地位,但是韩非宣扬讲假话、讲违心话的技巧在中国却有生存的土壤,因为中国被专制主义统治了几千年。以后,专制主义政治制度虽然被打翻了,但是,它的影响还很深。
>
> 看来,讲假话、讲违心话,不完全是一个人的品质问题,还有一个更重要的社会问题。中国社会官场上盛行讲假话、讲违心话之风,实质上是畏惧专制独裁的心理状态的表现。

这篇文章从讲假话、讲违心话,这一臣民心理表现的侧面,揭示了专制政治对人们心理的影响,揭示了社会制度与不良风气的关系,揭示了消除不良风气的关键所在。

这篇文章一发表,引起了社会上各方面的关注。不少刊物都加以转载。1986 年 9 月 30 日《理论动态》(中共中央党校理论动态编辑部编)第 666 期全文转载这篇文章,并加编者按说:

　　肃清封建主义遗毒，首先要弄清楚什么是封建主义，我们刊载此文的目的，就是使读者获得一些这方面的知识。当然，一篇文章所提供的知识是很有限的。

《理论动态》编辑部的同志给天佑的信中还说：

　　史学文章引起党政部门和干部的重视，目前还不多见，而你的大作即为一例。向你祝贺！

　　天佑的这些读史札记式的短文，虽然谈的都是古代的事，然读来总觉有强烈的现实感。

　　天佑很喜欢写这样的小短文。他生前写过这样的读史札记近20篇，他对自己的这些短文也特别的偏爱。他曾写过一篇《共鸣唱出心中的歌》（《新民晚报》1987年9月15日）。文中谈道：

　　我在50年代，那时还不到30岁，初读《史记》，然而，蕴藏着历史风云变幻的《史记》却并未拨动我的心弦，我只是寻字摘句装点教学，未曾奏出任何喜怒哀乐的旋律。到了80年代，我已50岁左右了，重读《史记》，每读有感。情感的闸门洞开，一开就不能自己。当我读《贾谊传》，为才华横溢的贾谊的夭折而伤心；当我读《屈原传》，为正气凛然的爱国诗人屈原遭放逐而不平；当我读《田蚡传》，对阴险狡诈暗藏尖刀的田蚡按捺不住心头的恼怒。当晚读，当夜写，信笔成文——写成读史札记式的短文。这也算奏出了心中的旋律。这旋律美不美？我从不敢狂妄到自美的地步。别人爱不爱，我个人管不着，也不必为此多虑。我之所以提及它。只是因为它是我心中的歌！

同样一部《史记》，30 岁左右时读它，心弦未被拨响，50 岁左右时读它，却唱出了心中的歌，是什么原因呢？是因为 80 年代的我与 50 年代的我不同了。不同时期的我，面对同样一本书，产生了不同反响。

当然，天佑并不仅满足于写这些"豆腐干"式的短文，最终萌生了进行大规模研究，写一部专著的念头。

1986 年 10 月，天佑赴芜湖参加秦汉史研究会的第三届年会。吉林文史出版社宋一夫同志正在组织出版《历史反思丛书》。宋一夫同志看到天佑的《专制主义统治与臣民的心理状态》的文章后，便赞叹不已。决定动员天佑写一本这方面的专著，列入《历史反思丛书》。天佑也正考虑写这方面的专著，不谋而合，当即拍板，并将此书定名为《专制主义统治下的臣民心理》。回沪后，天佑立即着手收集整理资料，拟定提纲，1986 年 11 月 24 日他在日记中写道：

为了写《专制主义统治下的臣民心理》在读《社会心理学》，以后规定晚上读书，扩大阅读面，知识面，向深广发展。

社会心理学有各种派别，各个派别的理论根据不一：

①快乐说（本我）；②权力说（自我）；③同情说（约束自己，视人之苦为己之苦，对人忠诚、宽厚、博爱）；④模仿说（行

为的学习的模仿,特别是儿童的心理);⑤暗示说(感染);⑥本能说(求食、拒绝[排斥],求新,逃避;斗争;性;母爱,群居,支配[统治],服从;创造;收集等);⑦习惯说;⑧态度说(对金钱、药物权威等)。

我个人认为还有趋利避害说,中国历史上法家属于这一派。

这里我们可以看到他为写这本书,不仅从事资料的准备,更注意从事理论的准备,这个理论的准备,不仅是马克思主义的理论准备,也包括心理学方面的理论准备。

这本书前后写了两次,第一次是 1986 年末到 1987 年初,这第一次写,打算写成一本历史上典型人物的心理传记,每一篇心理传记即是臣民心理的一个类型。还邀了一个同志写近代部分,题为"专制主义的辐射"。提纲如下:

一、专制主义统治的特点

二、臣民心理的描绘者

三、形形式式的心理状态

1.李斯暗算韩非

2.赵高暗算李斯

3.张良引退

4.萧何释嫌

5.韩信招祸

6.邓通

7.晁错

8.霍光

9.胡广

10.李固

11.韩延寿

12.李膺

13.诸葛亮

14.扬索

15.魏徵

16.尉迟恭

17.李靖

18.房玄龄

19.颜杲卿

20.李林甫

21.郭子仪

22.赵普

23.岳飞

24.李纲

25.宗泽

26.秦桧

27.宋濂

28.刘基

29.李善长

30.徐达

31.汤和

32.胡惟庸、蓝玉

33.严 嵩

34.张居正

35.杨嗣昌

36.袁崇焕、熊廷弼

37.郑芝龙

38.洪承畴

39.郑板桥

按照这样一个设想,至 1987 年初,天佑已经写了《李斯暗算韩非与赵高暗算李斯》《萧何释嫌》《张良引退与陈平自晓》《韩信招祸》《公孙弘的三妙》(此篇是新增的)、《汉文帝—佞臣邓通》《汉武帝末年巫蛊之祸》《霍光的"未尝有过"》及《郑板桥的怪》等几篇。第四部分《专制主义的辐射》(近现代人物的心理传记)已经基本就绪。但天佑停笔,不再写下去。为什么不再写下去,一是觉得这个体系设计不理想,需改一改,他在 1987 年 3 月 25 日的日记中说:

宋一夫来看,又谈到写《专制主义与臣民心理》,我看原来写法要改,还是逻辑与历史的结合。

一、无秩序中的秩序

二、主宰一切

三、龙的性格

四、小心翼翼

五、诚惶诚恐

六、敬而远之

七、蒙住龙的眼睛

八、套住龙的头

九、骑上龙的背

十、为龙而献身

十一、龙还原为人的时代到了


  这是他重新拟订的一个提纲。但仍觉不太满意，所以没有再写下去。再则，《秦汉经济政策与经济思想》需要修改。同时，他负责的《中国古代史辞典》要开始审稿，他不得不将《专制主义统治下的臣民心理》的写作搁一搁。后来吉林文史出版社当面又催请，他不得不将其他的工作放一放，1988 年初开始第二次写作《专制主义统治下的臣民心理》。1988 年 2 月 4 日日记写道：


  今日上、下午写《王夫之自种自富说》。

  晚上宋一夫来，还要写《臣民心理》。


2 月 5 日日记写道：


重拟提纲

（A）

一、无秩序中的秩序

二、主宰一切

这个新的提纲考虑到了皇权、专制统治的形成、发展、灭亡的历史进程,将逻辑和历史紧密结合起来。他觉得这个提纲较理想,于是又从头开始写作此书。

第二次写作此书,思想和资料都已成竹在胸,所以采取了边写作边收集整理资料的方法。以下录几段有关写作此书的日记,可见他的写作方法和进程:

1988 年 2 月 22 日

我今天开始整理思想,准备写《封建统治与臣民心理》。

1988 年 2 月 23 日

今天动笔写了,进展很慢,下午写了 500 多字。

1988 年 2 月 27 日

今天将第一节写完,4000 字,花了四天。

1988 年 3 月 20 日

轻度感冒。七节开始写,字数一千。

1988 年 3 月 23 日

今天上午抓紧写,结束第七节。争取一周两节。

韩愈说:"臣罪当诛兮天皇圣明",这句最典型地表达奴气。

1988 年 3 月 27 日

今天加班,第八节基本完成。

1988 年 4 月 2 日

天晴了,暖和,第九节完,稍事调整,再干。

就这样，天佑改变了平日的生活习惯，每天加班加点，小毛小病毫不在意，一心想早点赶完这本书，他最后的几天日记写道：

1988 年 4 月 21 日

今天张居正写完。开始看《岳飞传》。

1988 年 4 月 22 日

续读《岳飞传》。

1988 年 4 月 24 日，天佑开始整理《岳飞新传》(王曾瑜著)的资料，他已经把有用的资料全部画上了红杠，准备写第十一节《为之献身的愚忠》。谁也意想不到，这天的日记他还没有写，晚上十时，突然中风，竟在 26 日凌晨一时五十四分与世长辞! 天佑匆匆地离我们去了，可他的书桌上仍放着《岳飞新传》《文天祥传》等书，放着写作《专制主义统治下的臣民心理》的书稿、稿纸。

天佑逝世后，吉林文史出版社打来唁电慰问，宋一夫同志专程来沪参加了天佑遗体告别仪式，多次上门来慰问，并表示要将天佑的这本未完的书稿破例出版。这一切都给了我们全家莫大安慰。在此我们全家向吉林文史出版社的领导和同志表示衷心的感谢。

天佑的这本书，是他最耗费心血的书。这本书是中国历史心理学(或者说心态史学)的一本专著，也是批判封建主义，批判专制政治的一本专著。这本书是探索性的，创新性的书，一定会有缺点错误，希望能得到社会各界的批评、指正。更希望能有更多的拓荒者，另辟蹊径，去探索和开创更多的新领域、新学科，使历史学的园地里百花齐放，结出更多的新硕果。

　　陈旭麓先生是天佑生前尊敬的师友之一，深知天佑的为人和学术思想，在百忙中为本书写序，我们全家表示深深的谢意。宋一夫同志为本书的出版，操劳很多，也在此表示我们的谢忱。

　　天佑，您的未竟之书出版了，安息吧！

陈翠姬口述。沈雪林、展群整理

一九八八年七月初稿、八月二稿、九月三稿

# 谢天佑先生著作集编纂后记

2018 年 4 月 26 日,华东师范大学历史学系在沪举办了"纪念谢天佑教授逝世三十周年暨'中国古代史研究范式问题'研讨会",得到了学界同仁的积极回应,相关信息已收入《谢天佑学术文存》,这里特别感谢以下友朋:李振宏、陈丽菲、彭卫、吴琦、李学功、仲伟民、王日根、宫云维、陶磊教授。历史学系领导在之后谢先生遗作的整理工作中予以鼓励和支持,这里特别感谢以下同事:王东、章义和、沐涛、黄爱梅、孟钟捷、包诗卿教授。

整理工作包括校勘三十余年前出版的《秦汉经济政策与经济思想史稿》《专制主义统治下的臣民心理》书稿,以及编纂《谢天佑学术文存》,虽然由我本人统筹,但主要由研究生钱晓婷完成,研究生毕鲁瑶也承担了部分任务。尤其是《文存》中未曾发表过的笔记、随笔、散论,主要从谢先生不同历史时期浩繁的读书笔记中提取精粹,归纳成段、成章,花费了晓婷和鲁瑶大量的精力。感谢上海臻道软件的陆惠先生,书刊、杂志的扫描和文字识别转换都是在他的帮助下完成的。

遗作的整理得到了师母陈翠姬女士和谢先生长子贯斗先生的协助。师姐邵勤教授始终关切着整个进程,并撰写了总序。

最后,应该感谢的是广西师范大学出版社和责任编辑刘隆进先生。2019 年 5 月隆进君联系我,关心我以前的明清江南史研究结集和后来的济宁城市社会史成书问题,我便询问是否可以出版一部"文存"性质的谢先生遗作。隆进君不久回复,不但慨允出版《文存》,而且表示愿意重版《秦汉经济政策与经济思想史稿》《专制主义统治下的臣民心理》。广西师范大学出版社和隆进君的情谊与胆识,令人敬佩。于是有了《谢天佑著作集》三种;稍后本人的北方运河城市史专著也将随之付梓。

孙竞昊

2021 年 4 月 28 日